Confesión & Perdón

Profesando Fe como Embajadores de Reconciliación

Ted Kober

Trad. J. Pfaffenzeller

Ambassadors of Reconciliation™

P.O. Box 81662
Billings, MT 59108-1662 USA
(406) 698-6107
www.HisAoR.org

Para Sonja y David,
quienes me han perdonado tantas veces

Published by Ambassadors of Reconciliation
PO Box 81662, Billings, MT 59108-1662 USA
www.hisaor.org • 406-698-6107

Todos los nombres en este libro son ficticios (aunque las situaciones son reales), con la excepción de los nombres de la familia del autor y sus pastores personales, con permiso.

Las citas de las Escrituras son de la Versión Reina Valera Contemporánea®. © Sociedades Bíblicas Unidas, 2009, 2011.

Las citas de las Confesiones Luteranas en esta publicación son de Melendez A. (Editor), Libro de Concordia. 1989, St Louis: CPH.

Hecho en los Estados Unidos de América

ISBN (13): 978-0-9767874-8-8
ISBN (10): 0976787482

Contenido

Introducción

El pastor Schmitt condujo a su iglesia de una manera que sorprendió a todos en la sala. Nuestro equipo de reconciliación justo había terminado de presentar su informe oral final al liderazgo de esta iglesia conflictiva, e invitamos a todos a responder a dicho informe. No sabíamos cómo iba a reaccionar la gente, incluyendo el pastor.

El pastor Schmitt fue el primero en levantarse para hablar. Temblando, desdobló lentamente una hoja de papel legal amarilla que sacó de su bolsillo. Introdujo su declaración reconociendo que era personalmente responsable por contribuir a muchos de los conflictos en su iglesia. Leyó su admisión preparada, confesando claramente sus pecados sin excusas.

La sala quedó en silencio mientras el pastor Schmitt identificó ejemplos específicos de sus pecados públicos. Admitió su propia negación de sus contribuciones a muchas de las disputas. Describió cómo huyó para no tratar a tiempo los problemas, ocultándose detrás de un programa de trabajo extremadamente ocupado. Confesó sus actitudes defensivas hacia la gente que venía con quejas, y reconoció que intencionalmente hizo que sea difícil e incómodo hablar con él. El pastor Schmitt evitó usar palabras tales como 'pero' o 'quizá', que pueden ser usadas para excusar la acción de uno en vez de confesarlo. Prometió enmendar su vida pecaminosa, pidiendo a uno de sus oponentes más ardientes que lo ayude a mantenerlo responsable de su buena intensión. Expresó sus deseos de reconciliarse personalmente con aquellos que estaban enojados con él. Finalmente, pidió perdón a sus líderes laicos y compañeros de trabajo.

Por su parte los líderes quedaron muy sorprendidos. Cuando

finalizó su lectura, comenzó a retornar a su silla. Gentilmente lo detuve, indicándole que no habíamos terminado. Invité al resto del grupo a responder a la confesión de su pastor con la buena nueva del evangelio, usando las palabras familiares de declaración de gracia del su orden de culto dominical (Himnario Culto Cristiano, 18). Normalmente estas palabras de absolución,como se indica en la liturgia,son pronunciadas por el "ministro llamado y ordenado." Los ojos del pastor Schmitt se llenaron de lágrimas cuando oyó a los miembros de su rebaño proclamar el perdón de Dios hacia él.

Luego invité a que respondan individualmente al pastor Schmitt. Uno por uno, los líderes claves pronunciaron perdón personal a su pastor. Luego Bob, uno de los críticos más frontales del pastor, comenzó a hablar. Expresó su perdón personal y luego comenzó a tropezar sobre sus propias palabras de confesión por tratar mal al pastor. Pero el pastor Schmitt no esperó que Bob luche con sus palabras. Este pastor se extendió hacia su anterior enemigo, con un gesto para que se ponga de pie, y entonces se abrazaron el uno al otro con lágrimas, compartiendo palabras de perdón recíproco.

El actuar inusual de liderazgo del pastor Schmitt impulsó a varios otros a reconocer públicamente sus pecados recíprocos. Después de cada confesión, la asamblea respondía con absolución, de manera individual también pronunciaban públicamente perdón personal. Después de estas confesiones públicas, proveímos a estos hermanos y hermanas cristianos la oportunidad de hablar en privado con aquellos en la sala con los que tenían asuntos no resueltos. Muchos reconciliaron sus relaciones con confesión y perdón mutuo. Por todo el templo uno podía oír lloro y risa entre la gente que meses antes habían dejado de hablarse.

La confesión y el perdón entre el pueblo de Dios nunca estuvo destinado a ser reservado para un evento de reconciliación aislado para los que están envueltos en un conflicto intenso. Para los cristianos la confesión y el perdón son un estilo de vida, algo que hacemos en nuestra vida normal de cada día. Hijos de Dios que confiesan regularmente sus pecados y perdonan a otros demuestran firme fe en Cristo y modelan el liderazgo cristiano para la iglesia.

En este libro deseo ayudarlo a equiparse en su vocación como embajador de reconciliación. Dios usa a diferentes personas para guiar a otros ya sea pastores, maestros, ancianos, padres y muchos otros que quizá no son "oficialmente designados" pero que sirven de ejemplo para otros. Podría haber escrito acerca de toda la cuestión de reconciliación y resolución de conflicto, pero elegí enfocar en los elementos claves de confesión y perdón. Aunque admitimos que esto es más bien básico para nuestra fe, mayormente nuestra confesión y perdón es raras veces una práctica fácil y rutinaria en medio de la lucha de la vida diaria. No obstante, cuando es coherentemente aplicado en la vida de los líderes cristianos, este elemento fundamental de la vida santificada hace un impacto profundo que influye a creyentes y a no creyentes.

Me aproximo desde la perspectiva de nuestro encargo de ser embajadores de reconciliación. Vamos a revisar las causas primarias del conflicto y su relación con el ministerio de la reconciliación. Vamos a explorar lo que hace que la pacificación bíblica sea distintivamente cristiana e inconfundiblemente diferente a todo otro modelo de resolución de conflicto. Nuestro estudio va reforzar la relación entre confesar nuestros pecados, profesar nuestra fe y la necesidad de contrición diaria. Estará incluida la reflexión acerca de nuestro testimonio hacia creyentes y no creyentes al responder a los conflictos, marcando especialmente la influencia que los líderes tienen al modelar actitudes de confesión o de justicia propia. Un tema relacionado se ocupará de la accesibilidad de los líderes de la iglesia.

Nuestra naturaleza humana duda frecuentemente del poder de la obra de Dios en los desafíos de la vida diaria, y a veces somos incapaces de comprender las muchas maneras en las que el evangelio puede ser aplicado en nuestras vidas. Por eso, ilustro muchos de los conceptos sacados de la Escritura con ejemplos de eventos reales desde los tiempos bíblicos a situaciones contemporáneas. Historias de la vida real pueden inspirarnos y ayudarnos a apreciar lo que Dios hace por nosotros e intenta hacer por nosotros. He cambiado nombres y otros detalles para proteger confidencias así que por favor no asuma que conoce a la gente de un caso específico. (Cuando hago presentaciones, suele haber alguien que dice que conoce las partes originales de mis ilustraciones, pero en verdad no es así. Esto muestra que todos sufrimos la misma naturaleza humana, situaciones de la vida real se repiten en muchos lugares con diferentes personas). Los relatos de mis interacciones con mi familia y pastores son reales, y aprecio que mi familia y pastores me permiten compartir estas experiencias privadas con usted.

En el apéndice he proveído algunos recursos para ayudar en la aplicación de las ideas presentadas. También lo animo a revisar las referencias y otros recursos para más información.

Mi oración es que este libro sea una bendición para usted, su familia, y para la gente que Dios pone en su camino mientras vive su vocación como embajador de Cristo.

"Sean gratos los dichos de mi boca y la meditación de mi corazón delante de ti, oh Jehová, roca mía, y redentor mío" (Salmo 19:14 RVC).

1: Llamados a ser embajadores

Cada cristiano es llamado por Dios para servir como embajador de reconciliación. Los pecadores que comienzan a comprender la gravedad de su situación atesoran la Buena Nueva de que Dios nos reconcilió consigo mismo, siendo nosotros todavía pecadores (Romanos 5:8). ¿Quién está mejor calificado para contar a otros acerca de este gran hallazgo que aquellos que más lo necesitan? Dios nos eligió, siendo pecadores perdonados, para servir como sus representantes para entregar este mensaje salvador. San Pablo escribió al los cristianos en Corinto:

> Así que, de aquí en adelante, nosotros ya no conocemos a nadie desde el punto de vista humano; y aun si a Cristo lo conocimos desde el punto de vista humano, ya no lo conocemos así. De modo que si alguno está en Cristo, ya es una nueva creación; atrás ha quedado lo viejo: ¡ahora ya todo es nuevo! Y todo esto proviene de Dios, quien nos reconcilió consigo mismo a través de Cristo y nos dio el ministerio de la reconciliación. Esto quiere decir que, en Cristo, Dios estaba reconciliando al mundo consigo mismo, sin tomarles en cuenta sus pecados, y que a nosotros nos encargó el mensaje de la reconciliación. Así que somos embajadores en nombre de Cristo, y como si Dios les rogara a ustedes por medio de nosotros, en nombre de Cristo les rogamos: Reconcíliense con Dios». Al que no cometió ningún pecado, por nosotros Dios lo hizo pecado, para que en él nosotros fuéramos hechos justicia de Dios (2 Corintios 5:16-21 RVC).

Observe que el mensaje de reconciliación es saludable no sólo para no creyentes, sino también para los creyentes. Es necesario que el pueblo de Dios sea continuamente perdonado, fortalecido y animado por al oír aquellas buenas nuevas eternamente dulces, que somos los elegidos de Dios, que fuimos traídos a su presencia por medio de la sangre de su propio Hijo. Es el mensaje del evangelio que nos mueve a responder al amor de Dios con bondad. Como el apóstol Pablo proclama en los versículos 14 y 15, el amor de nuestro Salvador es nuestra motivación:

> El amor de Cristo nos lleva a actuar así, al pensar que si uno murió por todos, entonces todos murieron; y él murió por todos, para que los que viven ya no vivan para sí, sino para aquel que murió y resucitó por ellos (2 Corintios 5:14-15 RVC).

Los líderes en la iglesia de Cristo disfrutan del privilegio y cargan con la responsabilidad de equipar a otros santos como embajadores de reconciliación. Guían a los hijos de Dios a través de la predicación y la enseñanza, mediando en disputas entre creyentes y animándolos a estar reconciliados unos con otros, y administrando los asuntos organizacionales de la congregación de una manera coherente con el ministerio divino de reconciliación. Aunque quizá la manera más importante en que los líderes guían a otros a ser embajadores de reconciliación es mediante el ejemplo.

Dar ejemplo

San Pablo había instado al joven pastor Timoteo: "Ninguno tenga en poco tu juventud, sino sé ejemplo de los creyentes en palabra, conducta, amor, espíritu, fe y pureza" (1 Timoteo 4:12 RVC).

Como padre y esposo, continúo sorprendiéndome como mi hijo y mi esposa son más propensos a imitar mi comportamiento real (bueno, malo e indiferente) que todos los discursos pomposos y correcciones que puedo pronunciar con mi lengua. La gente aprende de muchas formas, pero nuestro ejemplo es nuestro sermón más efectivo.

Por cuando este libro está diseñado para ayudarlo en su preparación como líder cristiano, mi enfoque es animarlo a ser un "Timoteo." Fije un ejemplo que los creyentes en su iglesia y familia puedan seguir. Sea un embajador del mensaje de reconciliación.

Es de esperar que usted falle en su intento de ser un buen modelo, como me pasa a mí también. ¿Por qué? Usted y yo fallamos porque no somos solamente santos, también somos pecadores. No importa cuánto queramos complacer y honrar a nuestro Señor guardando sus mandamientos, erramos el punto todos los días. Pero por causa de la gran misericordia y gracia de Dios, somos perdonados todos los días, y podemos dar gran testimonio de nuestra fe al confiar en este perdón y al confesar nuestros pecados. De hecho, es precisamente de nuestra reacción frente a nuestras propias fallas que otros pecadores más aprenden.

Por eso, este libro trae historias acerca de líderes que han fallado. Muchos de ellos volvieron al pie de la cruz para encontrar consuelo y fortaleza personal y fueron impulsados por el amor de Cristo a ser ejemplo para otros. La confesión y la absolución trajeron sanidad para ellos en medio de los conflictos de la vida diaria. En nuestras debilidades el poder y el amor de Cristo alumbra con mayor intensidad (vea 2 Corintios 11:29-30; 12:9). Algunos de ellos, sin embargo, lucharon para poner su fe en acción.

Piense en algunos de los grandes héroes de la Biblia-gente como Moisés, el rey David, Jonás, los discípulos de Jesús, el perseguidor Saulo que más tarde llegó a ser conocido como Pablo. ¿Son héroes por causa de su justicia auto-proclamada y su perfecta obediencia? ¿O los admiramos porque en medio de sus fallas dieron testimonio de su fe, volviendo a Dios y buscando su perdón? Moisés, a quien Dios eligió para un propósito especial, otorgándole fe y autoridad extraordinaria, frecuentemente se quejaba ante Dios por su llamado, muchas veces con enojo. Es más, claramente desobedeció a Dios cuando golpeó la roca en Cades en vez de hablar hacia la roca para que dé agua (Números 20:1-13). El rey David, amado de Dios, fue ungido como rey sobre Israel. Sin embargo, cometió adulterio con Betzabé y luego hizo los arreglos para la muerte de su marido Urías, en un intento de cubrir el embarazo (2 Samuel 11). Dios llamó a su profeta Jonás para enviarlo a predicar arrepentimiento a los Ninivitas, pero Jonás huyó por cuanto temía que los Ninivitas podrían arrepentirse y recibir la misericordia de Dios (Jonás 1). Los discípulos frecuentemente discutían entre ellos acerca de quién de ellos era el más importante, aun cuando estaban con él (Marcos 9:33-34; 10:35-45). ¡Incluso competían por los máximos honores en la Última Cena (Lucas 22:24)! Cuando Jesús fue arrestado en Getsemaní, sus "fieles" discípulos huyeron, incluso Pedro, la "roca," negó rotundamente conocer a Jesús (Marcos 14:50, 66-72). Saulo procuró celosamente perseguir a los cristianos como para erradicar este movimiento creciente (Hechos 9:1-2).

¿Hemos de honrar a estos pecadores defectuosos como líderes santificados del pueblo de Dios? ¿Qué hace que el ejemplo de ellos sea tan importante no sólo para la gente de su época sino también para nosotros? Cuando fracasaron en sus momentos de debilidad, confiaron en Dios. Por medio de arrepentimiento y confesión, se aferraron de su Redentor y encontraron el gozo de la salvación en el perdón de sus pecados.

Tales héroes bíblicos nos sirven como embajadores de reconciliación. Confiaron en Dios y sus promesas y recibieron perdón. Proclamaron esta buena noticia a otros, y su confesión de fe nos sigue inspirando hoy.

La confesión de una persona inicia la reconciliación

Asistí a una congregación en conflicto que estaba controlada por algunos líderes fuertes. Kevin presidió la junta directiva por 20 años, y ejercía una influencia sustancial a través de toda la iglesia. A partir de desacuerdos originados por la destitución del pastor por parte de los ancianos, inició una campaña para destituir a todo el concejo de ancianos. En su celo por lo que creía era una causa justa, Kevin distribuyó ampliamente algunas cartas ardientes. Acusó a los ancianos, les atribuyó epítetos desagradables, e hizo declaraciones firmes acerca de sus motivaciones maliciosas. No se ocupó de hablar directamente con aquellos a los que se opuso, y algunas de sus suposiciones y "hechos" eran groseramente erróneas. En su enojo, Kevin pecó.

Después de algunos consejos, oraciones y estudio de la Palabra de Dios, Kevin reconoció su pecado. Aun cuando no estaba de acuerdo con el resultado final y la manera en que el pastor fue removido, reconoció que la acción de los otros no justificaba su propio pecado. Kevin preparó una confesión escrita que leyó personalmente a los ancianos, pidiéndoles que le perdonen. Sorprendidos por esto, los ancianos no tenían en claro qué responder. Finalmente, uno de ellos expresó perdón personal, y los otros le siguieron. Con la aprobación del concejo de ancianos, Kevin distribuyó un resumen de su confesión y la respuesta de perdón de parte de los ancianos entre los receptores originales de sus cartas.

El ejemplo de Kevin motivó a los ancianos a reunirse privadamente y preparar su propia confesión, que leyeron ante la congregación en el servicio dominical. Una demostración impresionante de la reconciliación ocurrió cuando los ancianos nominaron a Kevin para integrar su concejo. Toda una congregación experimentó sanidad a través de reconciliación, provocada por la confesión de pecado de un hombre, el ofrecimiento de perdón por parte de sus oponentes y la respuesta de los ancianos al confesar públicamente sus culpas.

Kevin y los ancianos son ante todo receptores de la reconciliación de Dios. Sus confesiones personales de pecado y el otorgamiento de perdón los hizo embajadores de reconciliación. Sus ejemplos dinámicos dejaron una impresión duradera en otros miembros de esa congregación, muchos de los cuales crecieron en fe y se reconciliaron con personas con las que habían estado distanciadas.

2: Distinción entre reconciliación y resolución de conflicto

¿Cuál es la diferencia entre "reconciliación" y "resolución de conflicto"?

El divorcio resuelve un conflicto, pero falla en lograr la reconciliación. Un juez proclama su decisión en un juicio y resuelve el conflicto, pero las partes permanecen no reconciliadas. Un hombre renuncia a su trabajo porque no puede soportar los constantes desacuerdos con sus pares. Su renuncia es resolución para él, pero pasa por alto la reconciliación con sus antiguos amigos. El presidente de una congregación y su esposa se transfieren a una congregación vecina para salir de en medio de una disputa. Tanto la congregación y la pareja creen que esto resuelve el problema, pero esto no da lugar a una reconciliación.

El pecado nos separa de Dios. "Son las iniquidades de ustedes las que han creado una división entre ustedes y su Dios. Son sus pecados los que le han llevado a volverles la espalda para no escucharlos" (Isaías 59:2 RVC). Por naturaleza somos enemigos de Dios. Este conflicto se resuelve cuando se hace justicia. ¿La sentencia? Separación eterna de Dios en el infierno.

De parte de Dios, ¿usted quiere *resolución de conflicto* o *reconciliación?* ¿Puede tener *ambos?*

¡Alabemos eternamente a nuestro Padre Celestial, quien dispuso la reconciliación para resolver el conflicto! Nuestros pecados habían roto nuestra relación con Dios. Pero cuando aún éramos sus enemigos, él nos reconcilió consigo mismo por medio de Cristo. La justicia fue satisfecha por la muerte dolorosa de Jesús en la cruz. Su resurrección nos asegura que ha derrotado al pecado, a la muerte y al diablo, y aquellos que creen en las promesas del perdón de Dios, vivirán eternamente en el cielo por cuanto hemos sido reconciliados con Dios.

Nuestra relación rota con Dios fue sanada a la perfección en Jesús, en quien tenemos perdón. Recibimos este perdón cuando nos arrepentimos y creemos en esta buena noticia. La reconciliación unos con otros también se produce por medio de confesión y perdón.

La resolución de conflicto es importante. Hemos de esforzarnos para alcanzar soluciones mutuamente satisfactorias en nuestros desacuerdos. A veces el tratar de resolver un conflicto puede ayudar a las partes a alcanzar reconciliación. En otras situaciones, la mejor solución obtenible puede ser resolución de conflicto sin reconciliación.

Pero la falta de reconciliación deja relaciones rotas. La reconciliación es esencial en nuestra relación con Dios y en nuestra relación con otras personas. La ausencia de relaciones restauradas puede llevar a consecuencias eternas.

La reconciliación suele facilitar la resolución del conflicto

Marcos, un vendedor cristiano, trajo acusaciones contra un ministerio internacional por rehusar pagarle una parte de sus honorarios. Susana, la directora financiera de dicho ministerio, sostenía que había pagado todos los montos apropiados, de acuerdo a la interpretación del contrato según su abogado. Las dos partes estaban distanciadas por más de 60 mil dólares. Solicitaron un arbitraje cristiano de parte de Peacemaker Ministry (Ministerio de Pacificación) para juzgar el asunto, de acuerdo a las Escrituras, en vez de ir a la corte para un juicio.

Ambas partes afirmaban que no había asuntos personales para reconciliar. Desde la perspectiva de ambos, simplemente no estaban de acuerdo en cuanto a la interpretación del contrato y solicitaban ayuda para resolver este único tema.

Peacemaker Ministry animó a las dos partes a buscar primeramente una resolución por medio de mediación para que se dé oportunidad a la reconciliación. Con arbitraje, se les aconsejó, era menos adecuado para lograr una reconciliación.

En la mediación, un mediador imparcial facilita la negociación de los asuntos materiales y anima a la reconciliación de los asuntos personales a través de mutua confesión y perdón. Las partes retienen todos sus derechos para resolver sus propias disputas y lograr un acuerdo. Cuando las dos partes presentaron sus historias, el mediador los ayudó a identificar tanto los asuntos materiales como los personales. El mediador cristiano les recuerda del amor de Cristo y del perdón de sus pecados, y los amonesta a responder al amor de Dios en su acción el uno hacia el otro para moverlos hacia la reconciliación.

En el arbitraje las partes renuncian a su derecho de hacer sus propias decisiones, y otorgan el poder al árbitro para actuar como juez que escucha ambas partes de la historia y toma una decisión vinculante. En tal situación, las partes son menos propensas a admitir las faltas personales o de perdonar a su oponente por cuanto tratan de convencer al árbitro de la rectitud de la posición de ellos. Además, un árbitro no puede decidir las cuestiones del corazón. Por ejemplo, no puede tomar la decisión de forzar a una parte a confesar su pecado, perdonar, o mostrar amor. Sólo puede juzgar sobre asuntos concretos.

Marcos y el ministerio internacional, representado por Susana, fueron renuentes en intentar la mediación, previniendo que el mediador podría ser más tarde puesto como el árbitro y tomar una decisión por ellos en caso de que fueran incapaces de llegar un arreglo voluntario. Yo fui elegido como el mediador/ árbitro de ellos.

La mediación llevó alrededor de 12 horas. Invertimos las primeras 10 horas tocando los temas personales que ellos pensaron que no existían. Una vez que Marcos y Susana habían reconciliado sus asuntos personales a través de mutua confesión y perdón, fueron capaces de lograr rápidamente en 90 minutos un arreglo en cuanto a la diferencia de 60 mil dólares. Después de haberse perdonado el uno al otro, restauraron la confianza y el respeto el uno por el otro, así pudieron negociar los asuntos materiales mucho más fácilmente. El arbitraje ya no era necesario. La reconciliación hizo que la resolución del conflicto sea posible.

Cuando ambas partes estaban satisfechas con el arreglo, Marcos y Susana se alegraron por la restauración de su relación personal. Al celebrar su reconciliación y cuando otros en sus respectivas organizaciones se enteraron, pudieron servir como embajadores de Cristo, dando gloria a Dios por la reconciliación y el perdón de pecados encontrados en Jesucristo.

Causas de conflicto

Ken Sande, en su “Seminario de Pacificación”, define el conflicto como “una diferencia en opinión y propósito que frustra las metas o deseos de alguien.” Estas diferencias pueden ir desde desacuerdos menores tales como qué programa de televisión se va a mirar, hasta disputas mayores que resultan en divorcio, finalización de empleo o juicios.

¿Qué causa conflicto? Muchos factores contribuyen en un conflicto. Malos entendidos producen confusión que llevan a desacuerdos. Diferencia de valores, metas, prioridades y propósitos opuestos suelen resultar en disputas. Competencia por recursos limitados engendra luchas.

Sin embargo, la causa primaria de conflicto es identificada en las Escrituras como deseos pecaminosos que llevan a palabras y acciones pecaminosas. Santiago afirma claramente:

> ¿De dónde vienen las guerras y las peleas entre ustedes? ¿Acaso no vienen de sus pasiones, las cuales luchan dentro de ustedes mismos? Si ustedes desean algo, y no lo obtienen, entonces matan. Si arden de envidia y no consiguen lo que desean, entonces discuten y luchan. Pero no obtienen lo que desean, porque no piden; y cuando piden algo, no lo reciben porque lo piden con malas intenciones, para gastarlo en sus propios placeres (Santiago 4:1-3 RVC).

El pecado es la mayor causa de conflicto en nuestra vida. Aun cuando el pecado no es la causa inicial, no lleva mucho tiempo hasta que dos pecadores en desacuerdo se responden el uno al otro de manera pecaminosa. Nuestro deseo básico de controlar a otros, nuestra naturaleza socarrona de servirnos a nosotros mismos primero, y nuestra inclinación a querer ser dioses de nuestro propio destino nos trae conflicto con Dios y con otros.

En la historia acerca de Marcos y Susana, ambos decían que su disputa era solamente un malentendido de su acuerdo oral y escrito. Ninguna de las partes admitía que había cuestiones de relaciones personales involucradas. Sin embargo, como mencioné arriba, pasamos la mayor parte de la mediación tratando sobre esos asuntos pecaminosos personales que decían que no existían. ¿Cuáles eran estos asuntos? Póngase usted mismo en la posición de ellos por un momento, e imagine lo que ocurrirá.

Cuando la disputa recién había surgido, podría haber sido correctamente definida como un malentendido en cuanto a la interpretación del contrato. Pero en la medida en que el conflicto escaló y las emociones crecían, los deseos pecaminosos los condujeron a palabras y acciones. Marcos llegó a ser defensivo y persistente en contactar a Susana. Susana muy pronto se cansó de lo que ella consideraba una queja sin sentido, e instruyó a su asistente a tomar simplemente el mensaje toda vez que él llamaba. Marcos llegó a estar enojado y comenzó a regañar al asistente de Susana con acusaciones contra Susana. Cuando el asistente llegó a frustrarse por estar en medio, Susana dispuso que las llamadas de Marcos sean transferidas a las cabeceras de otros departamentos. Entonces, en una reunión de administración, Susana anunció ampliamente su juicio sobre la conducta de Marcos, considerándola anticristiana. Marcos cobró conciencia de ser empujado de un lado a otro y de las advertencias de Susana a sus compañeros de trabajo, y Marcos respondió contando a otros clientes acerca de la conducta anticristiana exhibida por la funcionaria principal de este bien conocido ministerio.

¿Ha seguido usted la progresión? El malentendido llevó a estas dos personas a responder a su desacuerdo de manera pecaminosa: negación, evitar contacto y ataque al hablar con otros acerca del otro en vez de hablar entre sí de manera honesta y directa. En su celo de servir a sus intereses propios, buscaron herir al otro.

Pero cuando les fue dada la oportunidad para expresar sus heridas personales, Marcos y Susana comenzaron a comprender cómo habían pecado contra Dios y el uno contra el otro. Su mutua ira "oculta" en realidad les impedía resolver su disputa por cuanto no tenían una relación en la que podían confiar el uno en el otro en una negociación. La reconciliación en la cuestión del pecado reconstruyó la confianza que les permitió resolver su desacuerdo financiero.

El fundamento para toda pacificación está en Jesucristo

Si negamos el tema del pecado en un conflicto, somos propensos a evitar la reconciliación por medio de confesión y perdón por cuanto nos enfocamos simplemente en resolver el problema material. Elegimos ignorar el factor pecado porque eso significaría admitir que somos pecadores. Una vez más fallamos. Nuestra fragilidad humana es expuesta delante de Dios y otros.

Afortunadamente para nosotros, Dios no eligió ignorar el tema del pecado en nuestros conflictos. Nuestro conflicto más serio es con Dios. Los seres humanos pecadores son por naturaleza enemigos de Dios. Pero en la carta de San Pablo a los Romanos, leemos: "Así, pues, justificados por la fe tenemos paz con Dios por medio de nuestro Señor Jesucristo,... Pero Dios muestra su amor por nosotros en que, cuando aún éramos pecadores, Cristo murió por nosotros" (Romanos 5:1,8 RVC).

Toda verdadera pacificación está basada sobre el fundamento de lo que Dios ha hecho por nosotros en Cristo Jesús. Por cuanto hemos sido reconciliados con Dios, hemos recibido un don para compartir con otros: perdón.

Dios tiene un interés activo en todos nuestros conflictos. Estaba tan interesado en nuestros conflictos y los pecados que los causan, que envió a su Hijo único para asumir el castigo por nuestros pecados. A través de nuestra reconciliación con Dios, hemos recibido el privilegio de ser proclamadores de esta misma reconciliación a aquellos con quienes estamos en conflicto. Celebramos esta buena noticia cuando nos perdonamos unos a otros y cuando confesamos nuestros pecados el uno al otro.

Abordar tanto los problemas personales como los sustanciales

Aunque la reconciliación de nuestros asuntos personales es alcanzada por medio de la confesión y el perdón, temas sustanciales (o materiales) son resueltos por otros medios, incluyendo conversación extensa, negociación, mediación o arbitraje. Temas personales comprenden los pensamientos, palabras y acciones pecaminosas de las partes en disputa. Como fue mencionado arriba, la mayoría de nuestros conflictos son iniciados, ya sea por pecado o son agravados por pecado, por lo tanto los asuntos personales deben ser tratados al encarar la mayoría de los conflictos.

Sin embargo, reconciliar asuntos personales no resuelve automáticamente los temas sustanciales. Estos pueden incluir asuntos de sistemas, competencia sobre recursos limitados, divergencia en valores y creencias, y otros asuntos materiales.

Cuestiones de sistemas pueden incluir disputas acerca de estrategias prescriptas, estatutos, reglas o definiciones claras sobre autoridad. Por ejemplo, una cuestión de sistema surge cuando dos administradores que comparten responsabilidades superpuestas sobre un empleado están en desacuerdo si despedirlo o no. Aun cuando los dos administradores se reconcilien por medio de confesión y perdón, aún necesitan decidir si retener o despedir al empleado, o tomar alguna otra opción.

Competencia sobre recursos limitados pueden comprender finanzas, recursos humanos, e incluso espacios físicos. Por ejemplo, el pastor puede programar un casamiento en el mismo día en que la comisión directiva hizo arreglos con un pintor para pintar el cielorraso del templo. El pastor y los integrantes de la comisión descubrirán que no se habían comunicado bien, y pueden reconciliar sus descuidos personales. De todos modos, el problema de tener un casamiento en el mismo día en que le pintor contratado estará pintando tiene que ser tratado.

Cuando dos partes están en desacuerdo si es apropiado para una mujer cristiana tener un aborto, tienen un asunto de valor y de fe en juego. Cuando un maestro de una escuela cristiana es despedido, un tema material podría incluir si se debe o no ofrecer un paquete de indemnización y en qué monto. Estas diferencias no desaparecen cuando las partes logran una reconciliación personal. Tienen que ser tratados.

Tales temas sustanciales no pueden ser simplemente ignorados, ni se debe asumir que quedan instantáneamente resueltos simplemente porque hubo reconciliación personal a través de confesión y perdón. Por cuanto la mayoría de las veces la gente falla en reconocer y reconciliar los asuntos personales de un conflicto, a veces otros enfocan solamente en los asuntos personales en el conflicto y niegan que existan temas sustanciales que necesiten ser resueltos.

Cuando la gente simplemente sugiere que un conflicto es sólo acerca de asuntos sustanciales, como en la historia acerca de Marcos y Susana, pierden la oportunidad de reconciliarse. Pero si se enfocan sólo en los asuntos personales y niegan los temas sustanciales, seguirán fallando en lograr una conclusión a la disputa. La negación es una respuesta pecaminosa al conflicto, por cuanto nos impide buscar atender los intereses recíprocos y los intereses de Dios. Si una de las partes sostiene que el problema es sobre asuntos personales y la parte opuesta cree que la mayor preocupación es principalmente material, podemos estar seguros que dicha disputa realmente comprende tanto asuntos personales como sustanciales. Ambos deben ser atendidos para lograr una plena reconciliación y resolución.

Para ilustrar, considera a un esposo y una esposa que creen que su conflicto comprende diferentes tipos de asuntos. La mujer dice que son sólo relacionales (o personales). Ella percibe que no hay temas sustanciales en su matrimonio, pero ha concluido que si solo lograran tratarse mejor el uno al otro, todo estaría bien. El esposo insiste que sus dificultades matrimoniales no tienen nada que ver con la forma en que se relacionan, sino que tiene que ver con asuntos materiales. Él explica que su mujer gasta más allá de su presupuesto al cargar cosas en la tarjeta de crédito cuando no tienen fondos para pagarlo, y sostiene que ella mal cría a los niños cuando estos necesitan más disciplina. Ambos están en lo correcto al identificar partes de los asuntos, pero ambos están errados por cuanto niegan que el conflicto incluya tanto cuestiones personales como sustanciales.

Asuntos personales y sustanciales surgen también en la iglesia, especialmente en el área de los conflictos teológicos.

Conflictos teológicos

Habrá momentos en la iglesia en los que surgirán desacuerdos y conflictos acerca de lo que la Palabra de Dios enseña. Estos conflictos teológicos son, según las Escrituras, algo que es parte de la vida de la iglesia. San Pablo enseña, "Porque es preciso que haya disensiones entre ustedes, para que se vea claramente quiénes de ustedes son los que están aprobados" (1 Corintios 11:19 RVC). Y nuevamente, "Pero les ruego, hermanos, que se cuiden de los que causan divisiones y tropiezos en contra de la enseñanza que ustedes han recibido, y que se aparten de ellos" (Romanos 16:17 RVC). En el mismo sentido, Walther dice:

> La tarea más ardua y difícil es, sin ninguna duda, la tarea de proclamar la doctrina pura del evangelio de Cristo y al mismo tiempo exponer, refutar y rechazar las enseñanzas que son contrarias al evangelio. El ministro que hace esto va a descubrir por experiencia práctica la verdad del antiguo dicho: *veritas odium*

parit (decir la verdad crea enemigos) (Walther. The Proper Distinction of Law and Gospel, p 265).

Aunque en la iglesia deseemos estar siempre en paz los unos con los otros, nos encontramos que la simple tarea de seguir la verdad de la Palabra de Dios puede crear conflicto. Como Jesús mismo dice, "No piensen que he venido para traer paz a la tierra; no he venido para traer paz, sino espada" (Mateo 10:34 RVC). En tales casos, es importante para los creyentes reconciliar estos conflictos teológicos, que la mayoría de las veces incluyen tanto asuntos personales como sustanciales. Una manera perjudicial en que la gente trata conflictos teológicos en la iglesia es ignorar la cuestión sustancial del desacuerdo teológico asumiendo que el conflicto teológico es realmente sólo un conflicto personal. Por otro lado, otros podrían crear controversias adicionales al pretender que el conflicto teológico sólo comprende asuntos doctrinales y no personales.

En el medio del debate y el análisis del desacuerdo acerca de lo que la Palabra de Dios enseña, todas las partes involucradas serán tentadas a hablar de manera inapropiada el uno del otro y de asumir costumbres y conductas que son pecaminosas. Este aspecto del conflicto teológico suele ser muchas veces confundido con la cuestión teológica sustancial en sí. Es necesario tratar los asuntos personales en medio del conflicto teológico de tal modo que el asunto teológico importante-el descuerdo sobre doctrina-puede ser tratado de una manera agradable a Dios.

Con conflictos y desacuerdos teológicos, hay dos extremos a evitar. Primero, tenemos que evitar dar la impresión que el desacuerdo teológico puede o debe ser resuelto simplemente tratando el conflicto personal que inevitablemente va a acompañar el desacuerdo teológico. Doctrina pura-y cuidado por esa doctrina-es una parte esencial de permanecer fiel a nuestro Señor. Segundo, tenemos que evitar la tentación a ignorar el aspecto personal del conflicto teológico. Es demasiado fácil para los seres humanos envolverse en conflictos teológicos y usarlos para excusar conductas pecaminosas al tratarse unos con otros.

Por cuanto las partes en un conflicto teológico toman su fe en serio, a veces se cargan emocionalmente al defender su postura. Cada uno se convence a sí mismo que está defendiendo la verdad de Dios, de tal modo que es tentado a asumir arrogantemente que es un intérprete infalible de la Palabra de Dios. Esto lleva a la gente a justificar cualquier medio necesario, aun palabras y acciones pecaminosas, para defender su posición. Sin embargo, usar medios pecaminosos para proteger pureza doctrinal viola la misma doctrina que gente piadosa intenta defender.

Por causa de la iglesia de Cristo y para el testimonio a los no creyentes, los desacuerdos teológicos tiene que ser tratados de manera bíblica fiel. La verdad de la Palabra de Dios está en juego en el conflicto teológico, y esto nunca debe ser minimizado o ignorado. De todos modos, todas las partes envueltas en el desacuerdo teológico también tienen que evitar ignorar el conflicto personal que surge en medio del conflicto teológico.

Mientras que las partes intentan identificar los asuntos sustanciales, sin embargo, también tienen que esforzarse para identificar las diferencias reales. Como es en todo conflicto, malos entendidos muchas veces separan a las partes. Cuando finalmente se juntan y reconcilian las diferencias personales y comienzan a reconstruir la confianza mutua, suelen descubrir que algunas de las diferencias no eran tan significativas como habían asumido inicialmente. También podrían darse cuenta que existen diferencias más serias en áreas que no veían previamente. Por eso, un paso fundamental en resolver cualquier tipo de asunto sustancial comprende identificar claramente diferencias reales como también aquello en lo que se está de acuerdo.

No es el propósito de este libro describir los varios métodos para tratar conflictos teológicos concretos u otros asuntos sustantivos en un conflicto (vea "Otros recursos" al final de este libro para más información sobre este asunto). Es la intensión de este libro ayudar a la gente a ser embajadores del perdón reconciliador de Cristo en la disputa. Harán esto en cualquier situación en la que hay un desacuerdo y conflicto entre cristianos. Trabajar para reconciliar diferencias personales ayuda a facilitar la dura tarea de resolver los asuntos sustanciales. Cuando las relaciones personales son construidas y la confianza comienza a crecer, la discusión honesta puede ayudar bosquejar las diferencias materiales reales. Los malos entendidos pueden ser superados, y las cuestiones de fondo pueden ser reveladas. Del mismo modo, a veces pasar por algunos de los asuntos sustanciales puede ayudar a la gente a lograr reconciliación personal. Mientras que las partes actúan juntas y ven cómo algunos acuerdos pueden ser alcanzados, a veces ablandan sus corazones el uno hacia el otro y llegan a confesar sus pecados y perdonarse. La manera en que los cristianos resuelven sus conflictos, teológicos o de otro tipo, habla fuertemente de la fe que profesan a creyentes y a no creyentes.

3: Pacificación Bíblica

A través de su Palabra, Dios nos instruye a vivir en paz con él y con otros. Por lo tanto acudimos a las Escrituras para afirmar nuestra esperanza en Jesucristo y para vivir la vida santificada.

Cristianos bien intencionados suelen apuntar a Mateo 18:15-18 como la palabra final de Dios sobre pacificación. Jesús mismo nos dio estas instrucciones:

> Por tanto, si tu hermano peca contra ti, ve y repréndelo cuando él y tú estén solos. Si te hace caso, habrás ganado a tu hermano. Pero si no te hace caso, haz que te acompañen uno o dos más, para que todo lo que se diga conste en labios de dos o tres testigos. Si tampoco a ellos les hace caso, hazlo saber a la iglesia; y si tampoco a la iglesia le hace caso, ténganlo entonces por gentil y cobrador de impuestos. De cierto les digo que todo lo que aten en la tierra, será atado en el cielo; y todo lo que desaten en la tierra, será desatado en el cielo.

Ciertamente esta enseñanza de Jesús nos da instrucciones específicas sobre cómo tratar a aquellos que pecan contra nosotros. Pero vivir en paz con otros comprende más que ir a aquellos que pecan contra nosotros. La mayoría de las veces hay pecado en ambas partes de la disputa, y la Escritura provee dirección para tratar con ambas partes, ya sea que alguien crea que es culpable o no.

En su libro 'Pacificadores, Guía bíblica para la resolución de conflictos personales', Ken Sande resume todo lo que las Escrituras enseñan acerca de pacificación personal en cuatro principios, que llamamos "las cuatro columnas de la pacificación" (Prólogo de versión hispana).

- Glorifique a Dios
- Saque la viga de su ojo
- Exhortación al prójimo en su ofensa
- Vaya y reconcíliese

Estos cuatro principios contienen la dirección que nos fueron dadas en Mateo 18, pero también toman en cuenta las muchas otras referencias en donde Dios enseña pacificación personal. Con "Glorifique a Dios," recordamos el rol que juega Dios en nuestras disputas. El cristiano considera el conflicto como una oportunidad para glorificar a Dios y para testificar lo que Dios ha hecho por nosotros a través de Cristo. Con "Saque la viga de su ojo," examinamos nuestros corazones para identificar nuestras contribuciones personales al conflicto para que entonces podamos responder al conflicto con arrepentimiento y confesión. "Exhortación al prójimo en su ofensa" nos recuerda de ir directamente hacia alguien que ha pecado para confrontarlo en amor, antes que juzgarlo y hablar de él a sus espaldas. Con "Vaya y reconcíliese" somos recordados que la pacificación no es pasiva, sino que requiere acción. Jesús nos direcciona a iniciar la reconciliación, perdonando a otros así como Dios nos perdonó en Cristo. Una descripción expandida de "Las cuatro columnas de la pacificación," puede ser encontrada en Apéndice A de este libro.

El beneficio de "Las cuatro columnas de la pacificación," es que nos recuerdan rápidamente acerca de las enseñanzas de Dios para la pacificación. En mi vida "Las cuatro columnas de la pacificación" han llegado a ser un símbolo para recordar el mandato de mi Dios de amar a otros (Deuteronomio 6:6-9) y de traerlos a mi memoria cuando yo mismo me encuentro en un conflicto.

Es especialmente útil para mí la segunda columna "saque

la vida de su ojo," tomado de las palabras de Jesús en Mateo 7:3-5. Es tan fácil para mí ver el error de algún otro, pero muchas veces soy totalmente ciego a los míos. Justamente hace poco me enojé con mi hijo David por algo que él había hecho, e inmediatamente lo llamé por teléfono para retarlo y demandarle que vuelva a casa. En mi enojo dije palabras pecaminosas. Cuando colgué el teléfono, justifiqué mis palabras pecaminosas ante mi esposa por cuanto estaba tan disgustado con el error de mi hijo. ¡Después de todo, soy su padre, responsable de corregirle y hacerle entender cómo debe actuar! La realidad es que el pecado de David no justificaba mi pecado, no importa lo que haya hecho. Llevando las palabras de Cristo al corazón, cuando David llegó a casa, primero le confesé mi pecado, pidiéndole que me perdone, diciéndole que su ofensa no justificaba mis palabras pecaminosas. Mi hijo ya estaba convencido de su pecado. La reconciliación vino rápidamente, y el resto de nuestra discusión trajo una solución razonable sin más gritos. Suena simple, ¡pero por cierto no era fácil para un padre orgulloso confesar su pecado a su hijo culpable! Recordando la segunda columna una vez más me ayudó, "Saque la vida de su ojo."

¿Qué caracteriza la reconciliación *cristiana*?

En pacificación, aun no cristianos pueden seguir los principios fundamentales descriptos en "Las cuatro columnas de la pacificación." Aunque corrompida por el pecado, la consciencia humana carga las huellas de los mandamientos de Dios. A pesar de la pretensión posmoderna, la mayoría de la gente cree que existe alguna verdad absoluta en la que la moral está basada. Cada uno puede beneficiarse al ir directamente hacia una persona con la que uno está en conflicto, admitiendo errores y perdonando a otros.

¿Pueden no cristianos realmente adoptar la pacificación *bíblica?* Si bien los ateos no van a estar enfocados en glorificar a Dios en medio de un conflicto, por cierto quieren ser vistos por otros como personas razonables. Por el otro lado, muchas personas religiosas, tales como musulmanes, judíos o hinduistas, pueden por cierto desear glorificar a sus dioses en la manera en que tratan sus conflictos. La mayoría de las religiones promueven la obediencia a un dios o muchos dioses y animan a ejercer actos de amor hacia otras personas. Así que, si la mayoría de la gente puede aceptar principios bíblicos básicos como útiles, ¿qué es lo que hace al ministerio de la reconciliación algo particularmente cristiano?

San Pedro escribió, "Mantengan una buena conducta entre los no creyentes para que, aunque los acusen de malhechores, al ver las buenas obras de ustedes glorifiquen a Dios el día que él nos visite" (1 Pedro 2:12 RVC). ¿Puede la manera en que nosotros respondemos a nuestros conflictos diarios servir como oportunidad para "mantener una buena conducta entre los no creyentes"? ¿Hay maneras de tratar un conflicto que revelen diferencias significativas entre cristianos y no cristianos?

Como beneficiarios del ministerio de reconciliación, nos aproximamos al conflicto con un espíritu que es exclusivo frente a la visión mundana de un conflicto. Los embajadores de esta buena noticia han llegado a ser nuevas criaturas. Adoptados y perdonados por Dios en las aguas del bautismo, nuestro viejo Adán ha sido ahogado, y hemos sido revestidos del nuevo hombre en Cristo. Edificando sobre el fundamento que toda pacificación es encontrada en Jesucristo, la reconciliación cristiana contiene aspectos no encontrados en otras metodologías para la pacificación.

En *Guiando personas que atraviezan conflicto*, Ken Sande y yo identificamos cuatro características que distinguen la pacificación cristiana de otros sistemas de resolución de conflictos disponibles en el mundo de hoy: la centralidad de Cristo, la responsabilidad de la iglesia, la necesidad de aconsejamiento bíblico, y la exhaustividad de la Palabra de Dios. Los embajadores de reconciliación glorifican a Dios y profesan un testimonio viviente para Cristo cuando aplican estas distinciones en sus vidas.

4: La primera distinción: La centralidad de Cristo

La primera característica que distingue al ministerio de reconciliación de otros sistemas de resolución de conflictos es la centralidad de Cristo. Para líderes cristianos, Cristo está en el centro de todo nuestro trabajo conjunto, o no es cristiano. Aunque vamos a asentir fácilmente estar de acuerdo con esta afirmación, vivir esta verdad es mucho más difícil. Déjeme darle un ejemplo en el que juzgué a otra persona en este punto, cuando en ese momento yo era culpable de lo mismo.

Perdiendo de vista a Cristo

Pasó cuando asistí al servicio fúnebre de Jack. Jack murió después de un año de lucha con cáncer. Siendo que no había participado en la iglesia, la familia de Jack pidió al capellán del hospital que guié el servicio fúnebre. El capellán explicó que había ministrado a Jack en el hospital, pensé que Jack había llegado a conocer a Jesús a través de estas visitas del capellán.

Sin embargo, las palabras del capellán carecían de verdadero consuelo. Su mensaje se enfocó en Jack y sus buenas obras. Observando rasgos nobles de los Proverbios, enfatizó los logros de Jack: un fiel esposo, un padre dedicado, un trabajador productivo y un golfista decente. Ahora en el cielo, afirmó el capellán, Jack esperaba por sus amigos y familiares. Recitó el Salmo 23, oró por el alma de Jack, y guió a los presentes con la oración del Señor. Desde la perspectiva de un no creyente, parecía un funeral cristiano para un hombre bueno.

Una frase mencionó a Jesús: "Oramos en el nombre de Jesús. Amén." No escuchamos la realidad de que todos los hombres pecamos y que merecemos la muerte eterna. Ni una sola vez el capellán consoló a los oyentes con la buena nueva del evangelio. Ninguna afirmación transmitió la esperanza segura de la vida eterna por causa de la muerte y resurrección de Cristo. Y sin embargo, pretendía consolar a los presentes con textos de la Biblia.

Podemos presentar "verdades bíblicas" pero fallar en lo que decimos cuando dejamos fuera a Cristo. Podemos incluso citar las Escrituras, como lo hizo el capellán, pero aún dejar fuera la buena noticia acerca de Jesús. Fue fácil para mí ser crítico hacia el capellán del hospital que debería haber sido más efectivo, pero pronto recordé que yo también había salteado una oportunidad de compartir toda la verdad de Dios con Jack y todos sus amigos.

Unos pocos años antes Jack me había invitado a hablar en un almuerzo de negocios acerca de resolución de conflictos sin litigio. Acepté su invitación y presenté los elementos básicos de la pacificación bíblica incluyendo "Saque la viga de su ojo, Exhortación al prójimo en su ofensa y Vaya y reconcíliese." Afirmé la importancia de la confesión y el perdón. Sin embargo, fui cuidadoso de no ofender a nadie en este ambiente secular, especialmente a Jack, no hablando clara y específicamente acerca de Jesús. En su lugar, presenté principios bíblicos para resolver conflictos, contando la historia acerca de cómo otro hombre de negocios y yo llegamos a detener un desagradable juicio a través de la mediación. Todo lo que dije era cierto, solamente que dejé de lado señalar a Cristo como el fundamento de toda verdadera pacificación. Minimizé el hecho que el perdón de Cristo fue el que me movió a confesar mi propio pecado a mi hermano y perdonarlo a él como Dios me perdonó a mí. Igual que el apóstol Pedro, escondí mi relación con Jesús por mi temor al hombre. "El temor del hombre pondrá lazo; mas el que confía en Jehová será exaltado" (Proverbios 29:25).

En mi deseo de recibir la aprobación de la gente, ignoré la fuente de mi fortaleza, y glorifiqué mi propia acción de seguir principios morales bíblicos.

¡Cuán hipócrita he sido! Públicamente presenté pacificación basada en principios bíblicos pero omití al Príncipe de Paz. Ignoré a mi Salvador, que sufrió y murió por mis pecados, así podía ser aprobado por gente que apenas conocía.

De muchas maneras, mi mensaje no había sido diferente que el del capellán del hospital. Ambos nos referimos a las Escrituras como una guía para vivir bien. Citamos la Palabra de Dios y nos convencimos que proclamamos un mensaje cristiano. En realidad manejamos mal la Palabra de Dios al dejar fuera la muerte sacrificial de Jesucristo como el único Salvador del mundo, nuestra única esperanza. En vez de resaltar *La Verdad* (Cristo), lo pasamos por alto. Jesús declara: "Yo soy el camino, y la verdad, y la vida; nadie viene al Padre, sino por mí" (Juan 14:6 RVC). Hablar bíblicamente es revelar-no cancelar-a Jesús como *La Verdad*.

Satanás suscitó medias verdades. Citó las Escrituras, sacando ciertos textos fuera de contexto, para tentar a Jesús en el desierto, pero Jesús usó correctamente la Palabra de Dios para derrotar al engañador. Censurar al evangelio, intencionalmente o no, reprime la verdad.

Poniendo en balance ley y evangelio

Hoy, cuando trabajo con partes en conflicto, apunto a Cristo de manera intencional como la fuente de la verdadera pacificación. A veces los cristianos giran mentalmente sus ojos cuando comienzo a recitar pasajes bíblicos familiares de la obra de reconciliación de Dios. Muchos prefieren que use sólo la ley de Dios, ¡especialmente cuando confrontan a sus oponentes como para enderezarlos! Afirmo que la ley de Dios es importante al trabajar con partes en conflicto, especialmente cuando hay falta de arrepentimiento. Para llevar la atención de la gente hacia Cristo, tenemos que distinguir y aplicar tanto ley como evangelio. Para muchos, guiar a gente de acuerdo a la Palabra de Dios los llevó a usar la ley excluyendo al evangelio. La presunción de creyentes bien intencionados es que los cristianos ya *conocen* el evangelio acerca de la salvación por medio de Jesús y ya no necesitan su poder. Nada puede estar más lejos de la verdad. El evangelio provee el poder de tornar corazones tercos hacia Dios en arrepentimiento y confesión. Esto no es algo que ocurre sólo una vez en la vida; es una acción continua y diaria de Dios en nuestras vidas.

Edward Welch nos recuerda que tanto los mandatos como la gracia de Dios obran juntos para instruir a sus hijos: "La Escritura nunca espera que escuchemos los mandatos de Dios hacia nosotros aparte de la seria contemplación de la obra de Dios *por* nosotros en Cristo" (p. 217).

Walther contradice a aquellos que sostienen que o lo uno lo otro es todo lo que se necesita: "No, ambos son igualmente necesarios. Sin la ley el evangelio no es entendido; sin el evangelio la ley no nos beneficia en nada" (Walther, p.6).

Walther advierte contra la aplicación del evangelio únicamente:

> Ahora, para que la predicación del evangelio no produzca solamente cristianos perezosos e indiferentes, que imaginan que no necesitan hacer obras buenas, la ley dice al viejo Adán: no peques; sé piadoso; evita esto, haz esto, etc. Pero cuando la consciencia siente estos golpes y se da cuenta que la ley no es una mera cifra, la persona se asusta. Entonces necesitas oír la enseñanza del evangelio por cuanto has pecado (Walther, 24).

San Pablo instruyó a Timoteo:

> Pero sabemos que la ley es buena, cuando se usa de manera legítima; también sabemos que la ley no

> fue dada para el justo, sino para los transgresores y desobedientes, para los impíos y pecadores, para los irreverentes y profanos, para los parricidas y matricidas, para los homicidas, para los fornicarios, para los sodomitas, para los secuestradores, para los mentirosos y perjuros, y para todo lo que se oponga a la sana doctrina (1 Timoteo 1:8-10).

Comentando en el texto, Walter reflexiona:

> Para todas las personas en esta descripción, entonces, la ley solamente ha de ser predicada, y no han de tener una gota de evangelio. Mientras que una persona está tranquila en sus pecados, mientras que no quiere dejar algún pecado en particular, solamente la ley, que lo maldice y condena, le ha de ser predicado (Walther, p. 17)

Sin embargo, Walther agrega esta exhortación:

> Pero, tan pronto como se asusta por su condición, el evangelio ha de serle administrado con prontitud; porque a partir de ese momento ya no puede ser clasificado como pecador empedernido. De acuerdo con esto, mientras que el diablo lo sostiene en un simple pecado, no es un sujeto adecuado para que el evangelio obre en usted; sólo la ley le debe ser predicada (Walther, p 17).

Aun cuando los mandatos, leyes y principios bíblicos son importantes para ayudarnos a reconocer nuestro estado pecaminoso, la ley no nos motiva al arrepentimiento, confesión, ni cambia nuestro corazón hacia Dios. De hecho, Pablo nos recuerda que la ley tiende a estimularnos a pecar aún más: "Porque mientras vivíamos en la carne, las pasiones pecaminosas estimuladas por la ley actuaban en nuestros miembros y producían frutos que llevan a la muerte" (Romanos 7:5 RVC). Y en un pasaje posterior afirma: "Pero el pecado se aprovechó del mandamiento y despertó en mí toda clase de codicia, porque sin la ley el pecado está muerto" (v. 8).

Si bien promueve el uso adecuado de la ley, Walther identifica también efectos desalentadores: "El efecto de predicar la ley, entonces, es incrementar el deseo por pecar" (Walther, p 14). Además, Walther explica que la ley conduce a la desesperación por cuanto no nos da el poder para superar el pecado: "La ley descubre al hombre sus pecados, pero no le ofrece ninguna ayuda para salir de ellos y así precipita al hombre en la desesperación" (p. 14). Walther sostiene además que la ley no puede consolar al pecador: "Evoca los terrores del infierno, de la muerte, y de la ira de Dios. Pero no tiene ninguna gota de consuelo para ofrecer al pecador" (p. 14).

Sin embargo, la buena noticia acerca de Cristo nos da lo que la ley no puede dar. En vez de aumentar nuestro deseo de pecar, el evangelio nos guía al arrepentimiento y busca el perdón de Dios, y nos da poder para guardar los mandatos de Dios. Pablo declara a los Corintios: "Porque el amor de Cristo nos constriñe" (2 Corintios 5:14). San Juan nos dice que nuestro amor por Dios y otros sólo es posible porque Dios nos amó: "Nosotros amamos porque él nos amó primero" (1 Juan 4:19). Pablo también describe el efecto del evangelio cuando escribe, "¿No te das cuenta de que menosprecias la benignidad, la tolerancia y la paciencia de Dios, y que ignoras que su benignidad busca llevarte al arrepentimiento?" (Romanos 2:4).

Walther enseña acerca del efecto contrastante del evangelio:

> En primer lugar, el evangelio, cuando demanda fe, nos ofrece y nos da fe con la misma demanda. … El segundo efecto del evangelio es que no reprueba para nada al pecador, sino que quita todo terror, todo temor, toda angustia de él y lo llena de paz y gozo en el Espíritu Santo. … En tercer lugar, el evangelio no requiere nada bueno que el hombre tenga que proveer: ni un buen

> corazón, ni una buena disposición, ni incremento de su condición, ni bondad, ni amor a Dios o a los hombres. No emite orden, sino que cambia al hombre. (15-16)

Para guiar al pueblo de Dios en la dura tarea de reconciliación, tenemos que dirigirnos a nosotros mismos y a los que nos escuchan al evangelio de Cristo, no para aprender cómo llevar una vida perfecta, sino para ser fortalecidos en el perdón y llenados de poder para resistir y luchar contra las tentaciones al pecado. Revisar lo que Dios requiere de nosotros en su ley es sólo una parte del proceso. Lo que la ley declara imposible, el evangelio hace posible. Sin Cristo, los mandamientos de Dios nos dejan sin esperanza.

En reconciliación cristiana, Cristo tiene que permanecer central. Sin Jesús, la resolución de un conflicto podría llevarnos a usar principios bíblicos de vida piadosa, pero falla en ser propiamente cristiano. Los embajadores del mensaje de Dios permanecen enfocados en Cristo. Como nos recuerda el autor de la carta a los Hebreos:

> Por lo tanto, también nosotros, que tenemos tan grande nube de testigos a nuestro alrededor, deshagámonos de todo peso y del pecado que nos asedia, y corramos con paciencia la carrera que tenemos por delante. Fijemos la mirada en Jesús, el autor y consumador de la fe, quien por el gozo que le esperaba sufrió la cruz y menospreció el oprobio, y se sentó a la derecha del trono de Dios (Hebreos 12:1-2).

5: La segunda distinción: La responsabilidad de la iglesia

Otra distinción de la reconciliación cristiana está marcada por la responsabilidad de la iglesia. Por décadas, la iglesia cristiana ha estado renunciando al ministerio de reconciliación. Quizá responda "¡Esa es una crítica demasiado exagerada!" Pero considere mi afirmación a la luz de la siguiente situación.

Cuando una pareja se está encaminando hacia el divorcio, los líderes de la iglesia muchas veces dejan de lado el aconsejamiento bíblico y recomiendan a consejeros matrimoniales externos o a abogados que se dedican a divorcios. Cuando surge un conflicto entre hijos adultos sobre la distribución de la herencia de los padres, la iglesia generalmente concluye que es mejor quedarse fuera de las cuestiones internas de las familias. Cuando un miembro de la congregación lleva a otro a juicio por una pelea por los costos de la construcción de una casa nueva, el pastor y los ancianos frecuentemente se lavan las manos diciendo, "Bueno, que se haga justicia y que gane el mejor de los dos."

Aun peor, pastores agobiados, ancianos heridos, maestros cristianos despedidos, y otros líderes cristianos a veces recurren a la manipulación, ataques verbales, juicios legales, y aun a violencia física para conseguir lo que quieren antes que buscar reconciliación con la ayuda de los hermanos creyentes.

¿Cómo puedo hacer una acusación tan fuerte? Como una persona que ha servido a la iglesia a través del Ministerio de Pacificación por más de 10 años, he presenciado incontables casos en los que hemos animado a las partes afectadas a buscar ayuda de los líderes de la iglesia, solamente para verlos acudir a abogados y consejeros externos con una conclusión defensiva, "Lo siento,no hay nada más que puedo hacer."

En muchas situaciones la gente necesita asesoramiento legal profesional y puede ser beneficiada por consejeros licenciados. Pero demasiados líderes de la iglesia se lavan las manos demasiado rápido para no servir a sus miembros después de que los derivaron a profesionales externos. Consideran que la iglesia no tiene nada más para ofrecer. Sin embargo, los pecadores heridos por los conflictos no resueltos están en gran necesidad del cuidado de la iglesia, por cuanto esta gente necesita la sanidad que viene solamente del ministerio de reconciliación.

Las partes en conflicto necesitan entender como sus luchas y peleas son conducidas por sus deseos pecaminosos (Santiago 5:1-3). Carecen de consuelo por desconocer que Dios provee la respuesta a sus necesidades más conflictivas y estresantes. Buscan poder para tratar con sus asuntos. Lo que necesitan es al perdón de Dios, que entonces les provee fortaleza para superar sus deseos pecaminosos y los conduce a buscar reconciliación. El ánimo surge del evangelio cuando se conoce que los pecados de uno son perdonados. Abogados, consejeros y jueces pueden proveer importantes consejos y pueden ayudar a resolver el conflicto, pero no pueden reemplazar lo que la iglesia puede ofrecer con el ministerio de la reconciliación.

El rol de la iglesia y mi demanda judicial

Una de mis lecciones más memorable en cuanto a la responsabilidad de la iglesia viene de una demanda judicial en mi propia vida antes de mi trabajo en Peacemaker Ministries. Como representante personal del patrimonio de mi padre, alquilé una propiedad comercial a un hombre del que supe que también era un cristiano. De inmediato nos sentimos como almas gemelas. Sin embargo, los buenos sentimientos se volvieron agrios cuando él se descuidó con los pagos de la renta. Muchas veces me reuní con mi inquilino para insistirle que pague su renta. Le expliqué que como fiduciario, yo era responsable ante tres titulares de hipotecas de la propiedad, ante unos 60 acreedores de este complejo de propiedades, y ante los beneficiarios de la propiedad para proveer una gestión correcta de los activos inmobiliarios. El inquilino explicó que su negocio todavía no había desarrollado suficiente flujo de efectivo, y aun después de varios meses no obstante era incapaz de pagar su renta. Aunque prometió repetidas veces pagar dentro de un par de semanas, el ingreso de efectivo no prosperó y ningún alquiler fue pagado. Después de meses de frustración y expectativas no cumplidas, inicié un juicio contra el hombre para sacarlo de la propiedad.

Mi abogado me aconsejó que mi caso era sólido: mi inquilino no cumplió nuestro contrato de 30 páginas al no pagar la renta. Yo podría esperar justicia dentro de un tiempo corto. Esperé 60 días para nuestra cita en la corte. La audiencia duró todo un día. Entonces el juez tomó seis meses para tomar su decisión. Mientras tanto, pagué la hipoteca, los impuestos de bienes raíces, y las primas de seguros sobre una propiedad ocupada que no producía ingresos. Aunque el juez finalmente decidió a mi favor, la guerra apenas estaba comenzando.

A pesar de la decisión del juez, el inquilino seguía creyendo que tenía el derecho de quedarse en la propiedad. Intentó pagar la renta y hacía sus propias mejoras en la propiedad, y por lo tanto rechazó la evacuación. Respondí volviendo a la corte por una orden de desalojo. Mi pequeño ejército de abogados, alguaciles y cerrajeros desalojaron físicamente al arrendatario y sus empleados, otros cinco subinquilinos y sus empleados, y unos 200 clientes de almacenamiento. Los subinquilinos y los clientes de almacenamiento habían pagado su renta a mi inquilino, pero la ley requería que todos sean evacuados ya que los propietarios no habían recibido ningún pago. La gente estaba tan enojada conmigo por la evacuación, que el alguacil no dejó el lugar hasta que empleé un guardia armado para proteger la propiedad, hasta tuve que cambiar el teléfono de mi casa para tener un número que no figuraba en la guía.

Durante las próximas dos semanas, mi personal y yo nos reunimos con más de 200 personas enojadas para renegociar nuevos contratos. Mientras tanto, mi inquilino anterior ingresó una apelación en la corte, reclamando que yo había producido un daño al pasar por arriba de su negocio, lo cual habría imposibilitado que él pague la renta.

Justo antes de la próxima audiencia, recibí un llamado telefónico de Ken Sander, presidente de Peacemaker Ministries. Ken me contó que el inquilino desalojado lo había contactado por ayuda, y él se preguntaba si los dos estaríamos dispuestos a reunirnos con mediadores cristianos para resolver nuestra disputa. Confiado en mi posición legal e indignado de que mi oponente sugiera procesos "cristianos" cuando yo sentía que él no estaba actuando como un cristiano, rechazé la ayuda de Ken. Mi razonamiento fue que, como fiduciario representando los intereses de los acreedores seculares, no podía someter mi caso legal a un proceso de mediación cristiana.

A pesar de mi confianza en mi fuerte defensa legal, el juez decidió a favor de mi oponente en su apelación, declarando que yo había creado un daño contra él al impedir su negocio de almacenamiento. Al recibir esta noticia, lancé un grito hacia Dios, "¿Por qué me está pasando esto? ¿Dónde está la justicia en esto?"

Afortunadamente el juez también requirió que el inquilino pague sus deudas de rentas pasadas antes de reasumir el control de la propiedad, lo cual era incapaz de hacer. Por eso, parecía, que yo había ganado esta segunda audiencia de la corte por defecto. Sin embargo, muy pronto me vi convocado a la corte para una tercera ronda.

Comencé a sacar cuenta de los costos del litigio. En el año este caso había insumido cerca de 100 mil dólares en pagos legales y administrativos, y nuestra pelea estaba lejos de llegar a su fin. En desesperación, busqué el consejo de Ken Sander. Mi inquilino y yo estuvimos de acuerdo en buscar una mediación cristiana.

Lo que resultó fue un ejemplo impresionante del rol de la iglesia en el ministerio de reconciliación. En nuestro panel de mediación servían Sande, el pastor de mi iglesia, y un anciano de la iglesia de mi oponente. Mi pastor no estaba allí para servir como abogado por mi causa. Sino que estaba allí porque yo me consideraba espiritualmente responsable ante él, pues era el pastor llamado de mi congregación.

En la medida que la mediación progresó y nuestras historias fueron desenvueltas, mi pastor me ayudó a ver la viga en mi propio ojo, que nunca antes pude ver. ¿Cuáles eran mis vigas? Cuando fui incapaz de cobrar la renta tras la demanda, me enojé, y en mi enojo pequé. No sólo hablé palabras pecaminosas directamente a mi hermano cristiano, sino que también "informé" a muchos otros acerca de las deficiencias de este hombre, expandí mis juicios con la piadosa intensión de proteger a otros del mal. En realidad, caí en chisme y calumnia. Ademàs, atravezar el conflicto con mi hermano cristiano, ignoré muchas enseñanzas cristianas, y llevé a mi oponente a la corte pública antes de buscar la ayuda de mi iglesia u otros creyentes.

Habiendo reconocido mi pecado delante de mi pastor, confesé que había pecado en mis pensamientos, palabras y acciones. El pastor Thompson me aseguró el perdón que es mío en Jesucristo, reconfortándome con el evangelio y animándome con el poder del Espíritu para reconciliarme con mi hermano. El anciano de mi oponente lo estaba guiando en la misma manera, ayudándolo a reconocer sus pecados por no cumplir con su palabra, al no pagar la renta a la que se había comprometido, y por levantar calumnias contra mí. Nos reconciliamos el uno con el otro a través de mutua confesión y absolución, y entonces nuestros tres mediadores nos ayudaron a negociar un acuerdo en los asuntos financieros. En dos reuniones sabatinas alcanzamos reconciliación y acuerdo en la disputa que no había encontrado resolución en todo un año de procedimientos legales.

Mi pastor y el anciano sirvieron como embajadores de reconciliación. Los líderes de nuestras iglesias nos ayudaron a reconocer nuestras propias faltas, y nos mostraron el camino de retorno a Cristo para reconciliación. Cuando busqué el consejo de mis abogados, ¿piensa usted que me señalaron a Cristo y su expiación por mis pecados? Cuando estuve ante el juez en dos audiencias y para buscar una orden de desalojo, ¿piensa usted que el juez me exhortó acerca de mi contribución pecaminosa al conflicto y me confortó con el perdón de Cristo desde la cruz? No, fue mi pastor que trajo el poder sanador del evangelio a mí en medio de mi dolor y conflicto. El ministerio de reconciliación pertenece a la iglesia, no a servidores civiles o consejeros externos.

Antes de seguir adelante, déjame agregar que en nuestra teología seguimos el entendimiento de Lutero en la distinción de los dos reinos. Es decir, Dios trata con el mundo no directamente, sino indirectamente. Lo hace de dos maneras. En el reino de la mano derecha, Dios sostiene un cáliz, una copa de gracia. Este es su reino de gracia, la iglesia, a través de la cual administra perdón de pecados por medio de la Palabra de Dios y los sacramentos. En el reino de la mano izquierda, Dios sostiene una espada. Este es su reino de poder, el estado, a través del cual administra justicia y castiga los delitos por medio de la ley y la fuerza de la autoridad secular. Aunque en este libro nos concentramos en las funciones de la iglesia, en particular la confesión y el perdón, no debemos despreciar el reino de la izquierda. Dios obra a través de la corte como lo hace a través de la iglesia.

¿A quién corresponde la tarea?

Jesús nos dice que busquemos el consejo de hermanos y hermanas cristianos cuando intentamos reconciliarnos con alguien que ha pecado contra nosotros (Mateo 18:16), y si uno o dos testigos de Cristo no pueden convencer al ofensor (¡qué podría también ser yo mismo!), entonces la congregación queda también involucrada (Mateo 18:17).

En su primera carta a los Corintios, Pablo reprende a los creyentes por llevar sus conflictos a la corte en vez de solucionarlo en la congregación de creyentes. Los avergüenza por llevar sus desacuerdos ante los no creyentes para arreglarlos cuando ellos mismos juzgarían a los ángeles. Además agrega: "Sin duda, ya es bastante grave que haya pleitos entre ustedes. ¿No sería mejor pasar por alto la ofensa? ¿No sería mejor dejar que los defrauden? ¡Pero el caso es que ustedes son los que cometen el agravio, y los que defraudan, y lo hacen contra los hermanos!" (1 Corintios 6:7-8 RVC).

La responsabilidad de la iglesia hacia la gente que lucha con conflictos es reforzada por Pablo en su carta a los Filipenses. Cuando Pablo supo del intenso conflicto entre dos mujeres en Filipos, exhortó a las mujeres en su carta pública a la iglesia, rogándolas para que se pongan de acuerdo la una con la otra en el Señor. Lo hizo así para que toda la iglesia tome consciencia del asunto y para que sean activos en apoyar la reconciliación de estas mujeres: "También a ti, mi compañero fiel, te ruego que ayudes a éstas que lucharon conmigo en el evangelio, junto con Clemente y mis otros colaboradores, cuyos nombres están en el libro de la vida" (Filipenses 4:3).

En otros lugares de las Escrituras, se les asigna a los miembros del cuerpo de Cristo responsabilidades específicas los unos hacia los otros en pacificación, comenzando por recordar la paz que viene de Dios. "Que en el corazón de ustedes gobierne la paz de Cristo, a la cual fueron llamados en un solo cuerpo. Y sean agradecidos. La palabra de Cristo habite ricamente en ustedes. Instrúyanse y exhórtense unos a otros con toda sabiduría" (Colosenses 3:15-16 RVC). Santiago nos alienta a vivir vidas reconciliadas a través de la confesión y oración: "Confiesen sus pecados unos a otros, y oren unos por otros, para que sean sanados" (Santiago 5:16 RVC). A los Efesios, Pablo enseñó: "No pronuncien ustedes ninguna palabra obscena, sino sólo aquellas que contribuyan a la edificación necesaria y que sean de bendición para los oyentes. ...Desechen todo lo que sea amargura, enojo, ira, griterío, calumnias, y todo tipo de maldad. En vez de eso, sean bondadosos y misericordiosos, y perdónense unos a otros, así como también Dios los perdonó a ustedes en Cristo" (Efesios 4:29-32 RVC).

Cristo dio a su iglesia encargos específicos en el ministerio de reconciliación a través del oficio de las llaves. El Catecismo Menor de Lutero habla de confesión y absolución como es ejercido por el pastor: "El oficio de las llaves es poder peculiar que nuestro Señor Jesucristo ha dado a su iglesia en la tierra para perdonar pecados a los penitentes, y de retener el perdón a los impenitentes mientras no se arrepienten." Después de la resurrección, Jesús apareció a sus discípulos que estaban encerrados detrás de puertas trabadas por miedo a los judíos. Jesús los bendijo con paz y les mostró sus marcas. "Entonces Jesús les dijo una vez más: 'La paz sea con ustedes. Así como el Padre me envió, también yo los envío a ustedes.' Y habiendo dicho esto, sopló y les dijo: 'Reciban el Espíritu Santo. A quienes ustedes perdonen los pecados, les serán perdonados; y a quienes no se los perdonen, no les serán perdonados'" (Juan 20:21-23 RVC).

Por cuanto las Escrituras enseñan que la causa de los conflictos está enraizada en nuestros deseos pecaminosos (Santiago 4:1-3), la reconciliación entre cristianos *es* asunto de la iglesia. En términos más simples, el ministerio de reconciliación es declarar lo que Dios ha hecho para reconciliarnos con él en Jesucristo. Conflictos no resueltos con otros muchas veces reflejan corazones tercos que se rehúsan a reconocer sus propios pecados y la cura disponible por medio del perdón. La iglesia tiene las llaves para perdonar los pecados a los creyentes arrepentidos y para retener ese perdón de aquellos que se manifiestamente no arrepentidos. Ninguna otra organización en la tierra posee el privilegio y la responsabilidad de proclamar este ministerio, sino la iglesia misma.

6: La tercera distinción: La necesidad de aconsejamiento bíblico

Otro aspecto de la reconciliación cristiana que es exclusivo frente a otros sistemas de resolución de conflictos es la necesidad de aconsejamiento bíblico. Por cuanto las Escrituras enseñan que un conflicto es iniciado o agravado por el pecado, los cristianos envueltos en conflicto necesitan aconsejamiento bíblico.

Como en la historia de mi juicio legal que describí anteriormente, muchas veces nos olvidamos que Dios tiene que ver con nuestros conflictos. Dios amó tanto al mundo afectado por el conflicto pecaminoso que sacrificó a su Hijo único para reconciliar a los pecadores con él. La sangre de Cristo fue derramada por el pecado que da origen a nuestros conflictos. Cuando quedamos atrapados en nuestra propia justicia, perdemos de vista quiénes somos y qué es lo más importante. Generalmente creemos que nuestra disputa es sólo entre dos personas: mi oponente y yo. Necesitamos recordar del rol de Dios en nuestro conflicto.

El punto de vista del mundo frente al punto de vista bíblico

El mundo ofrece muchas soluciones para solucionar conflictos. Unas cuántas de estas ideologías comienzan con algunas premisas básicas que resultan en aproximaciones diferentes al conflicto de los propuestos por la Biblia. Levantar nuestra autoestima ha sido ampliamente aceptado como crucial para sentir nuestro valor propio y para dar poder al individuo para enfrentar los desafíos de las luchas diarias. Creer que cada uno tiene algo de bondad inherente en su interior, que uno puede aprender a superar las luchas de la vida si uno puede simplemente apelar a esa bondad básica dentro de uno mismo y dentro de otras personas. Entender las necesidades físicas y sicológicas básicas de cada ser humano ayuda a justificar por qué cada persona en un conflicto necesita conseguir lo que desea, dándonos entendimiento sobre cómo negociar los arreglos para que atiendan las necesidades de ambas partes.

Filosofías seculares contienen perspectivas valiosas acerca de la conducta humana que pueden ser útiles para toda la gente, también para cristianos. Sin embargo, los cristianos tienen que reconocer las falacias en aquellas ideologías para poder juzgar su plena veracidad a la luz de las Sagradas Escrituras, o podrían ser engañados y conducidos a conductas que contradicen su fe y los alejan de una reconciliación piadosa.

Aunque tener confianza propia es importante tanto en la resolución de conflicto como en la reconciliación, los cristianos deben ser cuidadosos a quién otorgan esta confianza y a través de quién obtenemos valor. Las Escrituras enseñan que todos los hombres han fallado en agradar a Dios de todas maneras. Aun nuestros mejores esfuerzos de hacer el bien no agregan nada a nuestro valor personal. Somos valiosos para Dios, a los ojos de nuestro Creador, a causa de a quien pertenecemos , no porque lo que nosotros mismos logramos ser.

En la explicación de Lutero del segundo artículo del Credo Apostólico, confesamos que tenemos valor por nosotros mismos, pero somos de alto valor por la sangre de Cristo:

> Creo que Jesucristo, verdadero Dios, engendrado del Padre desde la eternidad, y también verdadero hombre, nacido de la virgen María, es mi Señor; que me ha redimido a mí, hombre perdido y condenado, me ha

> rescatado y ganado de todos los pecados, de la muerte y del poder del diablo; no con oro o plata, sino con su santa, preciosa sangre, y con su inocente pasión y muerte… (Catecismo Menor, segundo artículo)

Por naturaleza, estoy perdido y condenado, una persona sin valor en mis propios méritos. Por la gracia y misericordia inmerecida de Dios, soy de valor incalculable, el valor de la santa y preciosa sangre del mismo Hijo de Dios, que sufrió una muerte inocente para redimir mi vida.

El significado del punto de vista bíblico sobre la autoestima e identidad

¿Cómo se aplica esto al conflicto y a la necesidad de aconsejamiento bíblico? Cuando nos encontramos enredados en una disputa desagradable, la respuesta de Dios para atender a nuestras necesidades de imagen, identidad, estima, fortaleza y poder no vienen desde nuestro ser profundo o nuestra propia sensación de valor propio, sino del mismo poder que Dios nos concede como sus hijos. Mientras que el aconsejamiento popular podría dirigirnos hacia a una fuente de poder en nuestro interior, la Biblia enseña que realmente necesitamos el poder divino. Como San Pedro escribe:

> Todas las cosas que pertenecen a la vida y a la piedad nos han sido dadas por su divino poder, mediante el conocimiento de aquel que nos llamó por su gloria y excelencia. Por medio de ellas nos ha dado preciosas y grandísimas promesas, para que por ellas ustedes lleguen a ser partícipes de la naturaleza divina, puesto que han huido de la corrupción que hay en el mundo por causa de los malos deseos (2 Pedro 1:3-4).

Los malos deseos que batallan en nuestro corazón como son identificados en Santiago 4 pueden ser superados, no con una creciente actuación propia, sino solamente con el poder de Dios. Aquellos que han sido adoptados por Dios por el bautismo tienen prometido el acceso a este don por medio de sus mismos medios de gracia.

Algunos argumentan que los tratamientos modernos para incrementar la autoestima no están directamente en conflicto con las Escrituras, sino que más bien ayudan a uno a comprender la gran persona que uno es, según Dios nos ha creado. Pero el enfoque para edificar la percepción de auto estima contradice directamente la enseñanza bíblica de quién somos y lo que Dios hizo por nosotros. La promoción de la autoestima y el aconsejamiento de imagen propia positiva pueden conducir a las personas a territorios peligrosos, separándolos de la perspectiva bíblica de su valor en Cristo y de su necesidad de depender de Dios. Cuanto más buscamos hacernos sentir bien a nosotros mismos por causa de nuestros propios logros, tanto más somos tentados a justificarnos y promovernos a nosotros mismos. En algunos casos, la práctica de incrementar nuestra propia autoestima puede dar lugar a orgullo pecaminoso, en el cual ya no reconocemos nuestra condición de pecadores, con ello reducimos nuestra necesidad percibida de la gracia y la misericordia de Dios.

En vez de buscar incrementar nuestra autoimagen, la Escritura nos enseña una visión opuesta. El proverbio proclama, "No seas sabio en tu propia opinión, sino teme al Señor y evita el mal" (Proverbios 3:7). En Romanos leemos, "Por la gracia que me es dada, digo a cada uno de ustedes que no tenga más alto concepto de sí que el que debe tener, sino que piense de sí con sensatez, según la medida de fe que Dios repartió a cada uno" (Romanos 12:3). En la segunda carta a los Corintios Pablo declara que no debemos buscar vivir para nosotros mismos para nuestra propia satisfacción, sino para Cristo: "El amor de Cristo nos lleva a actuar así, al pensar que si uno murió por todos, entonces todos murieron; y él murió por todos, para que los que viven ya no vivan para sí, sino para aquel que murió y resucitó por ellos" (2 Corintios 5:14-15 RVC).

En vez de creer que cada persona es fundamentalmente buena, Pablo recuerda a los cristianos de Roma que el Antiguo Testamento dice exactamente lo contrario: "Como está escrito: ¡No hay ni uno solo que sea justo! No hay quien entienda; no hay quien busque a Dios. Todos se desviaron, a una se han corrompido. No hay quien haga lo bueno, ¡no hay ni siquiera uno!" (Romanos 3:10-12 RVC). No es un gran lenguaje para el autoestima, ¿verdad?

Edward Welch remarca por qué es fundamental para la fe reconocer al pecado como nuestro problema clave en la vida:

> Noten lo que ocurre cuando perdemos de vista estas enseñanzas bíblicas. Si el pecado no es nuestro problema central, el evangelio mismo- la cuestión de mayor importancia -es marginalizado. La buena noticia que Jesús proclama y ofrece es que hay perdón de pecados, no a partir de nuestros propios intentos de agradar a Dios, sino al depositar nuestra confianza en Jesús mismo, en su muerte y resurrección. Si el pecado no es nuestro problema primario, entonces el evangelio de Jesús ya no es el evento más importante en toda la historia humana (P.21).

En el mundo estamos rodeados de consejos pretensiosos e ideologías para vivir vidas en lo mejor del momento y resolver nuestros conflictos. La filosofía ampliamente aceptada en el mundo ignora la enseñanza bíblica fundamental acerca de nuestro pecado y nuestro Salvador. Para discernir aquello que es beneficioso de la fuente del mundo y para evitar trampas de esperanzas falsas, necesitamos la Palabra de Dios para que nos guíe. La Escritura nos lleva de vuelta a Cristo, el alfa y omega, que provee todo lo que necesitamos para la vida y la salvación.

Para cristianos en conflicto, el aconsejamiento bíblico es una necesidad, no una opción.

Seguridad propia conduce a decepción propia

En mi experiencia con congregaciones en conflicto he visto la necesidad de aconsejamiento bíblico. En un caso en donde la congregación se dividió en dos oportunidades por conflictos centrados alrededor del pastor, una audiencia final de apelación se llevó a cabo para determinar si este ministro perdería su ordenación dentro de su denominación. Después de ser confrontado por más de 20 testigos que testificaban contra él en la audiencia, el oficial de la audiencia preguntó al pastor acerca de los testimonios. Una y otra vez, justificaba cada palabra y acción que había tomado. El oficial cuestionó al pastor por su actitud de justificarse a sí mismo, y el pastor exclamó con pasión, "¡Vea! ¡Yo sé que soy un pecador, pero no he hecho nada equivocado!"

En cinco años de ministerio pastoral en una iglesia en conflicto, creyó que él era inocente de cualquier pecado real. Confiando en su valor propio, ostentaba su conocimiento expansivo de doctrina, citando a teólogos en griego y alemán, probando que él sabía perfectamente cómo vivir y que él había cumplido su tarea perfectamente. Era esos congregados pecadores que necesitan ser juzgados. Cuando finalizó su discurso, apuntó hacia el oficial de la audiencia y concluyó diciendo, "¡Si usted sostiene la decisión de destituirme, estará pecando contra Dios!"

El conocimiento de este hombre acerca de Dios era tan amplio que ya no necesitaba a Cristo por cuanto había logrado la perfección por sí mismo. El aconsejamiento moderno podría ayudarlo a comprender que él era un poco demasiado arrogante e irrespetuoso hacia la autoridad, pero desde el punto de vista bíblico, era un hombre en peligro de perder su misma alma. Confesaba una firme fe en su valor propio. Alcanzó el máximo de autoestima por sus propias obras. Podía predicar a Cristo crucificado con pureza doctrinal para los pecadores que lo necesitaban, pero se engañaba a sí mismo en cuanto a la comprensión de su propia necesidad de Cristo.

Una vez más, ¿quién es más responsable para proveer consejo bíblico sano cuando la gente está en desesperada necesidad del evangelio? La iglesia de Cristo, el cuerpo de creyentes, tiene el privilegio y el llamado de servir como embajadores del ministerio de reconciliación. Aconsejamiento bíblico es la clave en la reconciliación de conflictos.

7: La cuarta distinción: La integralidad de la Palabra de Dios

Para una reconciliación basada en Jesucristo otra distinción es la integralidad de la Palabra de Dios. La mayoría de los cristianos concordará inmediatamente que la Biblia es fundamental para conducir a la gente a la fe y para nutrir nuestro andar con Dios. Sin embargo, mucha gente pasa por alto la Escritura y busca dirección de fuentes populares de autoayuda para resolver los problemas intensos de la vida diaria, asumiendo que la Escritura habla sobre todo acerca de cuestiones eternas, y que realmente no trata asuntos modernos.

Dios nos dice otra cosa. Declara que nos provee todo lo que necesitamos para la vida: en lo físico, emocional y espiritual. Y todo lo que es necesario comienza y finaliza con nuestro Creador, el autor de la Biblia.

"El principio de la sabiduría es el temor de Jehová; los insensatos desprecian la sabiduría y la enseñanza" (Proverbios 1:7 RV). Jesús nos instó: Por lo tanto les digo: "No se preocupen por su vida, ni por qué comerán o qué beberán; ni con qué cubrirán su cuerpo" (Mateo 6:25 RVC). Nos dirige hacia la fuente de la vida para cubrir nuestras necesidades: "Porque la gente anda tras todo esto, pero su Padre celestial sabe que ustedes tienen necesidad de todas estas cosas. Por lo tanto, busquen primeramente el reino de Dios y su justicia, y todas estas cosas les serán añadidas" (Mateo 6:32-33 RVC).

Crecemos en nuestro conocimiento y fe en Dios a través de la Palabra: "Toda la Escritura es inspirada por Dios, y útil para enseñar, para redargüir, para corregir, para instruir en justicia, a fin de que el hombre de Dios sea perfecto, enteramente preparado para toda buena obra" (2 Timoteo 3:16-17 RVC). Por medio de la Palabra recibimos poder para vivir como hijos de Dios. "Todas las cosas que pertenecen a la vida y a la piedad nos han sido dadas por su divino poder, mediante el conocimiento de aquel que nos llamó por su gloria y excelencia" (2 Pedro 1:3 RVC). El salmista también ora: "Lámpara es a mis pies tu Palabra y lumbrera a mi camino" (Salmo 119:105 RV).

Cuando luchamos con los desafíos de la vida, tenemos que retornar a los fundamentos. ¿Qué es lo que impulsa nuestras pasiones, nuestros deseos y nuestras necesidades? Pablo amonesta a los romanos, a los corintios, a los gálatas, y a nosotros a cuidarnos de los malos deseos que alimentan nuestra pasión por el pecado. El pecado nos lleva al conflicto, tal como ocurrió con los cristianos del primer siglo. Pablo también exhorta a los cristianos: "Por tanto, ¡cuidado con su manera de vivir! No vivan ya como necios, sino como sabios. Aprovechen bien el tiempo, porque los días son malos. No sean, pues, insensatos; procuren entender cuál es la voluntad del Señor" (Efesios 5:15-17 RVC).

Desde el patio hacia la corte

Teniendo en cuenta que la Palabra de Dios tiene autoridad plena, su enseñanza sobre reconciliación es crucial para todos los esfuerzos de pacificación. La Biblia provee dirección para toda clase de controversia, que van desde peleas en el patio de la escuela a peleas matrimoniales, división de iglesia, pleitos laborales, y juicios multimillonarios.

En la batalla legal con mi inquilino, discutimos sobre las cláusulas de un contrato de arrendamiento extendido. Nuestra controversia comprendía asuntos de ocupación de bienes raíces, derechos de inquilinos y propietarios, compromisos escritos, leyes federales y estatales, y muchas otras cuestiones. Convencido de mi posición legal, resistí la ayuda de un hermano cristiano o de mi iglesia. Fallé en apreciar cómo la Escritura se aplicaba a estos asuntos temporales. Al separar mi vida de fe de mi vida secular, perdí de vista la intensión de Dios de guiarme en todos los aspectos de la vida. Negué haber cometido cualquier error y justificaba mis acciones. Ignoré mandatos bíblicos de acudir a hermanos cristianos para ayudarnos en la reconciliación de nuestras relaciones y en resolver nuestros conflictos.

Fue después de que gasté 100 mil dólares y todo un año de tareas infructíferas que me desanimé con la manera que el mundo resuelve los asuntos, y finalmente acepté considerar la manera de Dios. Entonces, con la ayuda del consejo piadoso y dirección desde la Palabra de Dios, resolvimos nuestra batalla y reconciliamos la relación. La Palabra de Dios era suficiente e integral.

El mundo ofrece muchos recursos que son beneficiosos. Sabios consejeros que proveen información sobre conductas. Los médicos diagnostican anomalías en la salud que pueden ser tratadas con medicación. Los abogados nos guían para entender adecuadamente y aplicar la ley a nuestra situación. Los controladores proveen protección contra aquellos que amenazan a la gente y a las propiedades, y las cortes promueven la justicia. Otros consultores usan su investigación y experiencia para entrenarnos en la resolución de problemas.

Para un hijo de Dios, la Escritura nunca es una opción entre muchos otros recursos disponibles. Inspirada por el Creador de toda la gente y todas las cosas, la Biblia es nuestra fuente primaria para entender todo lo que es necesario para la vida. De hecho, todo lo que es útil para nosotros de los recursos del mundo, tienen su origen en Dios y su Palabra. Un consejo sabio se origina en la sabiduría de Dios. El sanador final de toda enfermedad es Dios, que nos bendice con la investigación médica y los que la practican. El sistema legal de nuestra sociedad es derivado de los mandamientos de Dios. Dios establece la autoridad civil para proporcionar protección y justicia.

Sin embargo, los recursos disponibles de la sociedad están manchados por el pecado. En contraste, la Palabra de Dios es santa e inalterable. Por eso la Biblia sigue siendo nuestro recurso final para pasar por cualquier dificultad en la vida. Los cristianos evalúan críticamente las fuentes mundanas para estar seguro de cuál es el procedimiento que concuerda con la voluntad de Dios.

En Peacemaker Ministries (Ministerio de Pacificación) hemos presenciado el poder y la aplicación de la Palabra de Dios en casi cualquier tipo de conflicto posible. Casos que hemos tenido incluyen demandas por homicidio culposo, varias formas de conductas sexuales inapropiadas, tipos de ataque con violencia física, malversación y otros crímenes, muchas complicaciones legales, grupos en conflicto, batallas de liderazgo gubernamental, tensiones transculturales y étnicas, y otros conflictos. En muchos de estos ejemplos, profesionales externos proveen asistencia clave, pero las Escrituras nunca cesan de ser indispensables.

Para todas las culturas y tiempos

Por cuanto Dios inspiró las Escrituras para toda la gente, sus verdades se extienden más allá de nuestras fronteras o de los que hablan nuestro idioma. La reconciliación bíblica está ocurriendo a través de todo el mundo y ha ocurrido a través de toda la historia, dondequiera que el pueblo de Dios confiesa y perdona pecados. Nuestro equipo de trabajo experimenta esto toda vez que nos encontramos con una cultura diferente dentro de nuestro país y en cualquier otra parte del globo.

Cuando viajé por primera vez a India para entrenar a reconciliadores, estaba preocupado sobre cómo mis enseñanzas sobre reconciliación serían transmitidas. Temía que diferencias tales como pobreza, influencia social de la cultura hinduista, múltiples lenguas que reflejan diferencias de pensamiento, y otros factores podrían llegar a ser barreras para los principios de la pacificación. Por ejemplo, aproximaciones culturales a la confrontación y la disciplina pueden variar significativamente. Me preguntaba si mis historias acerca de norteamericanos en conflicto tendrían sentido para gente en un ambiente radicalmente diferente.

Experimenté lo que ya conocía en mi interior. La enseñanza bíblica es transcultural y perpetuamente aplicable para gente de todo tiempo y lugar. Mientras trabajábamos juntos en India y aprendíamos acerca del otro, quedó claro para mí que en el fondo gente es gente. Todos nacimos en pecado. Todos tenemos deseos pecaminosos que resultan en palabras y obras pecaminosas. Todos necesitamos un Salvador que nos libre del pecado. Todos encontramos perdón en la cruz de Cristo. De hecho, la gente de India se sintió especialmente identificada con las historias acerca de mis luchas y de las de otras personas en medio de los conflictos. Hermanos y hermanas alrededor del mundo experimentan el mismo dolor por los efectos del pecado. Juntos celebramos la misma reconciliación con Dios, y todos nosotros podemos reconciliarnos con otras personas por medio de la confesión y perdón. Casualmente, ¡ahora tengo algunas historias acerca de cristianos en la India que se reconciliaron por medio de la confesión y del perdón que uso para animar a la gente en Norteamérica también!

La Escritura es integral y suficiente para guiar a la gente a reconciliar sus relaciones y resolver asuntos materiales.

8: Confiesa tus pecados para profesar tu fe

Aún cuando no creyentes pueden aplicar los principios básicos para trabajar a travéz de sus disputas, las cuatro distinciones descriptas arriba separan la reconciliación cristiana de cualquier otro proceso en el mundo. La centralidad de Cristo, la responsabilidad de la iglesia, la necesidad de aconsejamiento bíblico, y la amplitud de las Escrituras hace que el ministerio de la reconciliación sea único y poderoso por cuanto está fundado en la Palabra de Dios para nosotros en Cristo.

Los embajadores de reconciliación profesamos nuestra fe en Cristo cuando confesamos nuestros pecados y perdonamos los pecados de otros en Cristo. Lo contrario también es cierto. Nuestro testimonio a Cristo sufre miserablemente cuando nos justificamos a nosotros mismos o rehusamos perdonar a otros que han pecado contra nosotros.

En la primera epístola de Juan él escribe acerca de esto: "Si decimos que no tenemos pecado, nos engañamos a nosotros mismos, y la verdad no está en nosotros. Si confesamos nuestros pecados, él [Dios] es fiel y justo para perdonar nuestros pecados, y limpiarnos de toda maldad. Si decimos que no hemos pecado, le hacemos a él mentiroso, y su palabra no está en nosotros" (1 Juan 1:8-10).

¿A quién estamos engañando en última instancia si negamos nuestro pecado? Si yo pretendo ser justo por mi propio mérito, ¿puedo engañar a Dios? *¡Absurdo!* Quizá si pruebo mi inocencia ante mi oponente, ¡éste puede ser burlado! ¡Si les cuento a mi cónyuge y a mis hijos mi lado de la historia, ellos verán cuán justo soy! *¿Realmente?* Bueno, ¡por lo menos otros miembros de mi iglesia verán cuán buen cristiano soy, y ellos van a apoyar mi inocencia en todos mis conflictos! *¿A quién estoy engañando en el fondo?*

La Escritura identifica a quién engañamos cuando sostenemos que estamos sin pecado: *¡a nosotros mismos!* Pero las palabras más terribles en 1 Juan 1:8 están en las siguientes palabras: "y la verdad no está en nosotros." Jesús nos dice, "yo soy el camino y la verdad y la vida" (Juan 14:6). Cuando negamos la verdad acerca de nuestros propios pecados, ya sea el pecado original o el actual, negamos nuestra necesidad de Cristo. Aquellos que son justos por sí mismos no tienen necesidad de Cristo.

Cuando nos justificamos a nosotros mismos en vez de admitir nuestros pecados, estamos diciendo en efecto: "Jesús, ya no te necesito. *¡Ya tengo todo!* Fui bautizado en la iglesia. Fue confirmado en el altar. Canté en el coro. Serví en la liga. Fui elegido presidente de mi congregación. Me gradué en una institución luterana. ¡Tengo un llamado divino! Sé, Señor, que he llegado a ser un cristiano perfecto, y ya no cometo pecados-por lo menos no en este conflicto. Gracias por tu ofrecimiento, pero tu sangre y tu justicia no son necesarios para mí hoy."

Al negar nuestro pecado negamos nuestra fe en un Salvador del pecado. Gracias a Dios no necesitamos andar mintiendo en este asunto. Tenemos la perfecta cura para nuestra condición pecaminosa en las palabras del versículo 9: "Si confesamos nuestros pecados, él [Dios] es fiel y justo para perdonar nuestros pecados, y limpiarnos de toda maldad."

¡La justicia es nuestra! ¡Estamos plenamente justificados delante de Dios! Somos miembros de la santa iglesia cristiana. El perdón por la sangre de Cristo nos limpia de nuestro pecado, y estamos ante el Dios todopoderoso libres de culpa. Recibimos su don precioso cuando reconocemos quienes somos sin Cristo (criaturas pecaminosas), lo que hemos hecho con nuestro propio mérito (hemos fallado miserablemente), y lo que Dios hizo de nosotros por medio de su Hijo (santos hijos). En el arrepentimiento y la confesión de pecados, profesamos nuestra fe en Cristo.

La palabra *confesar* significa literalmente "decir lo mismo que." Cuando confieso mi pecado, repito lo que Dios declara: Soy pecador desde mi nacimiento, peco diariamente, y no merezco otra cosa que la ira y el castigo de Dios. Cuando confieso mi fe en las palabras del Credo Apostólico, reconozco lo que Dios enseña en la Biblia: Él me creó, me redimió, y me santificó.

Cuando confesamos nuestros pecados a Dios y a otros, también confesamos nuestra necesidad de Cristo. Esencialmente, nuestra confesión de pecado demuestra nuestra profesión de fe.

La confesión de pecados proclama a Cristo

Al tomar un puesto en Ministerio de Pacificación, entrevisté a Cristian, un hombre joven de nuestra congregación. Por cuanto nuestro trabajo requiere que compartamos muchas veces nuestra fe con otros, le pregunté a Cristian acerca de su andar con Dios. Me comentó que a veces lucha en su fe, pero que a través de la oración y el estudio bíblico ha encontrado fortaleza para superar los momentos de duda. Entonces me dio un ejemplo de lo que quería decir: Como alumno de escuela secundaria, se inscribió en tres cursos para reunir las condiciones para graduarse. Dos cursos fueron establecidos por estatuto, pero el tercero era de elección para Cristian. Como le gustaba invertir tiempo fuera del aula, eligió un programa de estudio en el gimnasio. Para recibir su crédito, solamente necesitaba cumplir con una serie de tareas en el gimnasio durante el tiempo asignado para las clases. No habría ningún profesor presente. El alumno registraba su propio tiempo basado en un sistema de honor.

Al principio Cristian siguió estrictamente los procedimientos. Algunos otros estudiantes registrados para el mismo período, cuando terminaban sus tareas temprano, se ponían a levantar pesas o a probar algunos pelotazos al aro.

Otras veces, sin embargo, los muchachos simplemente dejaban a un lado lo que debían hacer y se ponían a haraganear. Después de todo, razonaban, nadie parecía darse cuenta. Mientras completaran sus registros, recibirían pleno crédito. Cristian me contó que algunos días ni se preocupó por asistir, ya que pensaba que fácilmente podría aprobar el curso. Hasta descuidó su registro de asistencia.

En la semana previa a la finalización del cuatrimestre, Cristian comenzó a rellenar los espacios en blanco en su registro como si hubiese asistido y trabajado. Pero repentinamente se detuvo. "Cristian, ¿qué estás haciendo? Eres un hijo de Dios. Esto está mal porque es una mentira." Se estremeció al considerar las consecuencias que le traería ser honesto. Necesitaba los créditos para graduarse. ¿Qué diría su profesor? ¿O sus amigos? ¿O sus padres?

Cristian luchó en su interior por varios días considerando sus opciones. Oró por la ayuda de Dios, admitiendo su pecado pero sabiendo que necesitaba hacer algo más. Rogó que Dios lo ayude a pasar por este problema, aun cuando Cristian sabía que era exclusivamente por su culpa. Estaba inseguro cómo iba a manejar la verdad cuando fue a ver el profesor Tomás para presentar su registro para recibir los créditos.

"Hola Cristian. Déjame ver tu registro."

"Lo siento, pero no puedo mostrárselo, señor Tomás, porque es una mentira."

"¡¿Qué?!"

"Bueno, señor Tomás, la verdad es que no siempre me presenté a las clases. Al principio hice todas mis tareas. Pero después me di cuenta que mientras completaba mi registro, no necesitaba presentarme todas las veces. Nadie controlaba si yo venía y hacía mi tarea o no, así que muchas veces no hice nada y otras veces directamente no vine. Hasta llegué a ser negligente en mantener al día mi registro. Así que, la semana pasada completé todos los días que realmente no trabajé, y me detuve a mí mismo. Usted sabe, señor Tomás, soy cristiano. Y lo que estaba haciendo era malo a los ojos de Dios. Tengo que ser honesto con usted. No completé mi trabajo. No merezco crédito. Por favor póngame un desaprobado."

"¿Qué? ¿Por qué me estás contando esto?"

"Le conté, señor Tomás. Soy cristiano. Esa es la razón. Déjeme contarle lo que Jesús significa para mí."

Cristian compartió entonces su fe con el profesor de la escuela secundaria pública, allí mismo en la oficina escolar. Una lágrima corrió por la mejilla del profesor, y sacudió su cabeza.

"Nunca me encontré con un alumno como tú antes. Estás en lo correcto. No has cumplido con la tarea asignada. Pero tienes una integridad que nunca he visto en ningún otro estudiante. Aún cuando te mereces desaprobar el curso por cuanto no hiciste la tarea, has aprendido algo de mucho mas valor de lo que este programa de estudio intenta ofrecer. Por tu crecimiento en carácter, te voy a aprobar de todos modos."

Mientras Cristian relató su historia, expresó frustración porque el señor Tomás no dio señales de fe en Cristo después de que compartió el evangelio con él. Pero Cristian también me contó que continúa orando por él, pidiendo a Dios para que lo conduzca a la fe o que acreciente su fe en Jesús.

Observe lo que ocurrió cuando Cristian admitió su pecado. Confesó su pecado a Dios, sabiendo que era un hijo perdonado por Dios. Recibió fortaleza y poder del perdón de Cristo para hacer lo que es correcto, a pesar de las posibles consecuencias. Cuando Cristian admitió sus errores ante el profesor en un ambiente secular, también confesó su fe en Jesucristo. La confesión de pecados prueba nuestra fe en aquel cuya sangre nos libera. Movido por el amor de Cristo, el enfoque que Cristian tenía sobre sus propios problemas disminuyó mientras llegaba a preocuparse por la condición espiritual de su profesor. ¡Así se convirtió en un gran embajador de reconciliación!

Las defensas de la propia justicia niegan a Cristo

En contraste, trabajé con una congregación en donde el pastor había renunciado, estando frustrado por los conflictos en la iglesia. Al reunirme con los líderes laicos reforcé la importancia de trabajar hacia la reconciliación, para restablece la sanidad tanto a la congregación como para el pastor y su familia. Si un trabajador profesional de la iglesia deja una parroquia sin haber hecho todo intento de reconciliación, lleva el dolor de sus conflictos no resueltos a su próxima parroquia. Del mismo modo, la parroquia anterior frecuentemente lleva la carga de sus controversias no resueltas a la relación con su nuevo pastor. Desconfianzas y sospechas alimentadas por conflictos no reconciliados esperan lo peor y muchas veces lo encuentran.

El pastor concordó en hablar brevemente conmigo, pero rechazó reunirse en la iglesia. "¡Yo sacudí el polvo de mis pies cuando me fui de ese lugar!" Negó nececidad de reconciliarse con esa gente. Explicó qué él mismo no había hecho nada malo, y me recalcó, "Yo los he perdonado en mi corazón. No quiero saber nada con ellos, nunca más." Además, agregó que sería demasiado doloroso para su esposa e hijos. Ya había encontrado otro empleo, y su agenda ya no le permitiría volver a ese lugar.

Aunque era cortés conmigo, afirmó que aquella gente realmente no apreciaba la doctrina pura. Con palabras cuidadosamente seleccionadas dejó en claro el mensaje. "Yo necesito una iglesia que respeta mi autoridad y mis dones como pastor y que valora mis entendimiento correcto de la Escritura."

Después de unos meses, este pastor fue llamado a servir en otra congregación que tenía reputación de ser sólidamente conservadora y en completo acuerdo con su posición. Este pastor les explicó a los miembros de la nueva congregación que su personalidad no concordaba con su parroquia anterior por su liderazgo liberal, y aseguró a la nueva congregación que estaba ansioso por servirles. En menos de un año, llegó a estar envuelto en varias disputas amargas con la nueva congregación, incluso inició un juicio legal contra ellos por las injusticias que habrían ejercido contra él. Por cuarta vez en 11 años, renunció como pastor.

Este pastor defendía dogmáticamente la teología de la iglesia. Para ser más preciso, defendía *su* entendimiento personal de la doctrina, y subrayaba cómo sus oponentes eran ineptos. Por cuanto se convenció a sí mismo que él era el guardián de la verdad de Dios, se veía a sí mismo como un mártir inocente. Al escucharlo atentamente, era capaz de articular acertadamente las enseñanzas de Dios. Pero cuando llegaba el momento de aplicar aquellas verdades a sí mismo, había poca conexión. Se justificaba a sí mismo por sus propios méritos, y sus palabras y acciones mostraban autojustificación. Declaraba estar sin pecado. Negaba haber hecho algo malo y, al hacer así, negaba toda necesidad real de Cristo. San Juan diría que este hombre hacía que Dios parezca mentiroso, y la palabra de Dios no tenía lugar en su vida. ¿De quién era embajador este hombre?

De una u otra manera, aquello en lo cual confiamos para

justificarnos se revela en nuestra confesión o falta de ella. Esto es expresado en nuestro culto también. Con el himno confesamos:

Nos ha llegado salvación por compasión y gracia;
Inútiles las obras son, no tienen eficacia.
La fe mira al Señor Jesús, me libra su pasión y cruz
Con expiación perfecta. (*Himnario Culto Cristiano*, 457)

9: Permaneciendo accesible

Nuestra efectividad como embajadores de reconciliación depende en gran manera de cuán accesibles parecemos a otros. Los individuos que sufren por culpas o que no pueden ver su propio pecado buscan ayuda de aquellos en quienes confían. Ninguno de nosotros desea que su lado feo quede expuesto, y nos resistimos a revelar nuestras luchas privadas con el pecado con personas en las que no confiamos.

La necesidad humana de encontrar a alguien accesible para confesión y perdón es a veces mejor reconocida por el mundo que por los creyentes. Hay quienes pagan para discutir sus pecados ocultos con sicólogos y otros consejeros que se atienen a códigos profesionales de confidencialidad. Hay páginas de internet que ofrecen oportunidad para liberar consciencias culpables en total anonimato. Hay más de 900 números que uno puede marcar (que se paga por minuto) para hacer confesión privada por teléfono con alguien que nunca conociste. En cada una de estas situaciones la gente comparte abiertamente sus debilidades privadas por cuanto creen que sus pensamientos más íntimos están seguros.

Honestidad acerca del pecado crea vergüenza, y nuestra reacción natural es encubrirnos a a nosotros mismos para protegernos. En Génesis aprendemos acerca de la primera experiencia humana de vergüenza:

> En ese instante se les abrieron los ojos a los dos, y se dieron cuenta de que estaban desnudos; entonces tejieron hojas de higuera y se cubrieron con ellas. El hombre y su mujer oyeron la voz de Dios el Señor,

> que iba y venía por el huerto, con el viento del día; entonces corrieron a esconderse entre los árboles del huerto, para huir de la presencia de Dios el Señor. Pero Dios el Señor llamó al hombre y le dijo: ¿Dónde andas? Y él respondió: Oí tu voz en el huerto, y tuve miedo, pues estoy desnudo. Por eso me escondí (Génesis 3:7-10 RVC).

Para confrontar nuestro pecado, tenemos que ser descubiertos. Nuestros pensamientos escondidos, nuestras palabras y acciones "secretas" tienen que ser expuestas. En realidad, Dios siempre sabe nuestro pecado. Somos nosotros los que nos engañamos a nosotros mismos al pensar que podemos esconderlo de Dios y de otros. Pero para ver la verdad por nosotros mismos, muchas veces necesitamos mostrar nuestra alma a otra persona.

¿A quién elijo para revelar mis pensamientos, dolores, debilidades y pecados más íntimos? A alguien en quien confío que va a guardar confidencialidad sobre nuestra conversación. Alguien que creo que me va a amar de todos modos. Alguien que siento que será capaz de entender mis luchas. Alguien en quien confío que me consolará y guiará gentilmente. Alguien a quien admiro, no sólo por su conocimiento bíblico, sino también por la manera en que aplica la verdad bíblica en la vida. En breve, tiene que ser alguien a quien encuentro accesible.

Líderes inaccesibles

Piense en alguien en su vida que ha tenido autoridad sobre usted. ¿Qué hizo que haya sido difícil para usted acercarse a esa persona?

Muchas veces respetamos a aquellos que tienen autoridad sobre nosotros porque tienen el poder para hacer la vida un poco más placentera o de administrar consecuencias. Es apropiado que tengamos un sano temor hacia ellos como representantes de la autoridad en nuestra vida. Dios espera que respetemos, honremos, y obedezcamos a aquellos que ha puesto como autoridad sobre nosotros. La misma posición de ellos produce una barrera que los hace menos accesibles por la autoridad que tienen sobre nosotros. Algunas personas usan mal la influencia o poder que viene con la autoridad, haciéndose a sí mismos con ello más difíciles de acceder.

Cuando era un hombre joven buscando mi primera línea de crédito comercial, recuerdo haber esperado 20 minutos por mi turno en un vestíbulo bancario profesional, aunque estéril, para reunirme con un oficial de crédito comercial. Finalmente la secretaria me informó que podía ver al señor Powell, y me condujo hacia su oficina al fondo del departamento. Desde una silla forrada en cuero y de respaldo elevado, esta figura alta en traje oscuro de tres piezas se levantó para saludarme, extendiéndose para darme la mano a través de un enorme escritorio de roble oscuro con un vidrio impecable que lo cubría. Se presentó secamente a sí mismo e hizo un breve ademán a su secretaria, indicando que podía retirarse. Respondiendo a la indicación de su brazo, me senté frente a él en una silla baja e inconfortable sin brazos. No había dudas quien era el rey en esa habitación.

Pasó por las páginas de mi archivo, reclinándose medianamente en su sillón mientras le hablaba. Ocasionalmente me miraba por encima de sus anteojos de lectura y hacía un ademán para que continúe, pero su frente arrugada y ojos penetrantes me comunicaban que yo tendría una batalla difícil. Cuando respondía a sus preguntas acerca del monto que estaba buscando, su rostro de encogió como si yo lo hubiera herido profundamente, y se sacó los anteojos, metiéndose uno de los soportes en el borde de su boca. En el largo silencio que siguió, supe que había cometido un pecado mortal. Después de una mirada profunda se puso de pie y caminó de un lado a otro en la oficina, enseñándome acerca del peligro de tener deuda. Unos pocos días más tarde aprobó mi línea de crédito por el monto completo que yo quería, pero siempre supe qué esperar cuando entraba en el pasillo sagrado de su oficina. Nunca percibí a este hombre como alguien de fácil acceso.

Alguien en autoridad puede fácilmente comunicar una actitud de superioridad, de juicio y de condenación. La vestimenta, la disposición de los muebles, porteros, expresiones faciales, inflexión de voz, restricción de tiempo, falta de contacto visual excepto miradas furtivas, iluminación, y otros atributos físicos pueden ser usados para reforzar la autoridad de uno o minimizarla. Por ejemplo, en un caso tenso entre un hombre y una mujer en proceso de divorcio, el marido vino a la reunión de mediación vestido en un uniforme completamente militar, aun cuando ese día no estaba en servicio. Todos en la sala entendieron claramente su mensaje: "¡Presten atención! ¡Yo soy oficial superior aquí!"

Incluso sin autoridad posicional, hay maneras de crear desequilibrios de poder o de impresionar a otros con la superioridad de su posición. Personas que regularmente manifiestan enojo o decepción desaniman a otros a buscar la ayuda de ellas. Líderes que carecen de empatía son percibidos como desinteresados, y aquellos que frecuentemente se expresan con falta de respeto hacia otros son percibidos como críticos y por lo tanto inaccesibles. Los que escuchan poco transmiten la idea que los otros no son importantes. Usar palabras intimidatorias, condenar a otros, y rebajar a la gente reduce la habilidad de uno para ser confiables para los pares y los subordinados. El sarcasmo, aun cuando es hecho como broma, fácilmente puede reducir nuestra credibilidad.

Una de las mayores señales particulares de una persona inaccesible es que es una persona que raramente admite su propio error o perdona a otra. ¿Qué razón podría tener una persona para confesar cualquier error ante alguien que es defensivo y que se justifica a sí mismo? ¿Por qué alguien va a someterse a sí mismo a humillación y a una posible condenación al reconocer sinceramente su pecado ante alguien que es considerado arrogante, indignante y autosuficiente? ¿Cómo puede una persona que batalla con su culpa aproximarse a alguien que parece no haber pecado nunca?

Líderes accesibles

Recuerde a personas en su vida a quienes encontró fácil de acceder. ¿Por qué conversó con ellos acerca de cuestiones íntimas de su vida? ¿Cómo anticipaba que iban a reaccionar si usted compartía algo personalmente vergonzoso acerca de usted mismo? ¿Qué lo llevó a confiar en su integridad?

Después de que experimenté varios años buenos como un agente de bienes raíces, nuestra economía cayó en picada y mis ingresos se redujeron. Inmediatamente antes del desastre, había comprado un automóvil más nuevo para llevar a mis clientes a ver casas. En lugar de pedir el dinero en un préstamos con pagos mensuales establecidos cuando mi ingresos era esporádico, solicité un préstamo personal que pensaba pagar en seis meses con el producto de la venta de tierras que poseía. Sin embargo, el mercado de bienes raíces empeoró y mis ingresos se secaron. En unos pocos meses, gasté todos mis ahorros y necesitaba los ingresos de la venta del terreno para manutención. Pasé a ver a Fred, mi banquero, para renovar mi préstamo vencido para el automóvil.

Fred se levantaba de detrás de su escritorio para saludarme personalmente cuando entraba en el banco. Me acompañaba hasta su escritorio donde nos reuníamos, pero me sentaba a su lado en su mesa de tamaño mediano, no frente a él. Fred sabía que yo había pasado para pedir una extensión de mi préstamo, pero se tomó el tiempo para preguntarme acerca de mi familia. Recordaba algunos de mis hobbies, y conversamos por algunos minutos sobre cosas que me gustan hacer. Él mencionó acerca del contrato vencido, pero de una manera que me animó a exponer mis problemas financieros actuales. Fred me aseguró, contándome acerca de tiempos en qué él experimentó momentos difíciles y como hubo quien le concediera alguna ayuda cuando lo necesitaba. Me preguntó acerca de mis intensiones para salir de mis dificultades, pero a esa altura ya me había alcanzado un contrato de extensión de mi préstamo. Pasé por algunos momentos duros por un par de años, pero siempre me sentí confortable al hablar con Fred y buscar su ayuda para mis finanzas.

Fred era accesible para mí. Nunca usó su posición como mi agente de préstamo para rebajarme o hacerme sentir más avergonzado de lo que de por sí estaba. En vez de eso, me animaba al tratarme como uno de sus mejores clientes. Se tomaba tiempo para preguntarme acerca de mi vida personal, no para extorsionarme sino para demostrar su cuidado por mi persona. Fred confiaba en mí, aun cuando yo sabía que no había actuado según sus expectativas o las mías.

Una de las cosas que más apreciaba acerca de Fred era su transparencia. No revelaba detalles innecesarios de sus luchas personales, pero el hecho que admita sus imperfecciones, hacía que mi admiración por él aumentara y asi también mi confianza en él. Este era un hombre con el cual me podía relacionar. En vez de desear evitarlo entre las extensiones de los préstamos, me sentía inclinado a detenerme más frecuentemente simplemente para conversar, para comentarle informalmente sobre cómo iba y para pedirle algún consejo financiero.

¿Perciben otros que usted es accesible?

Rápidamente podemos identificar a aquellas personas que consideramos accesibles para nosotros. Es mucho más complicado evaluar honestamente si nosotros mismos somos percibidos como personas accesibles o no por parte de otros.

Me considero a mí mismo como una persona fácil de acceder. Me considero abierto y honesto acerca de mis propias fallas. Recuerdo a todas las personas a las que perdono. Me aseguro a mí mismo que debo ser accesible por cuánto tantas personas confían en mí y buscan mi consejo en problemas personales e íntimos. Como persona que regularmente entrena a gente en conflicto, he escuchado incontables confesiones profundas en las que he confortado al culpable con la promesa del evangelio. ¿Mi conclusión? ¡Ted es bien accesible!

Más de una vez he sido completamente atrapado con la guardia baja con respecto a esto. Sin darme cuenta de lo que he hecho, por momentos me he hecho bastante inaccesible. He sido inaccesible para gente que aconsejo, para algunos de mis compañeros de trabajo más cercanos, para algunos miembros de mi iglesia, y aun para los miembros de mi familia. Cada vez que alguien trató de señalarme esto, mi reacción inmediata era defensiva. "Por supuesto, ¡soy accesible! ¿No sabes cuánta gente comparte sus pecados conmigo? ¿Has olvidado cuántas veces he hablado sobre este tema? ¿No crees que yo sé lo que hace que una persona sea difícil de acceder?"

El orgullo es uno de mis pecados más estimados. Suele ser mi defensor favorito. Uso mi ego auto asegurado para protegerme de ataques "injustificados", y eso refuerza mi fortaleza interna para ganar la batalla que peleo. Mi orgullo destruye mi accesibilidad para algunas personas.

En relación con un hermano en la iglesia, supe que él sentía que yo era inaccesible. Había sufrido una vergüenza pública en nuestra iglesia por un pecado que llegó a ser conocido a un amplio círculo de amigos. Lo ayudé a reconciliarse con muchos, y medié activamente un acuerdo entre esta persona y las que había ofendido. En mi mente, yo era amable para con él, tuve empatía con él, y señalé claramente dónde esta persona había pecado pero fui rápido en aplicar el evangelio. Pensé que me acercaba a esta persona para saludarla cada vez que la veía en la iglesia u otro lugar. Como usted puede haber deducido al leer estas frases, me defendí a mí mismo muy bien con lenguaje de "yo".

Cuando comenzamos a hablar acerca de nuestra relación y de sus sentimientos de que era inaccesible, él indicó que yo era un mentor espiritual para él. Como laico, me defendí a mí mismo al recordarle que no era el pastor. "Después de todo, soy sólo una persona laica, ¡tal como tú!" Mientras que lo que dije era técnicamente correcto, me tenía en alta estima. Su pensamiento era que me respetaba por mi liderazgo espiritual. Mientras yo asumía que éramos pares, él me miraba de una manera que no me di cuenta. Como resultado, las palabras que elegí y las acciones que usé en torno a él le impactaron más de los que era mi intensión.

Posiblemente podría haber justificado mi situación explicando que él simplemente interpretó erróneamente nuestra relación. Quizá podría decir que él era demasiado sensible e irrealista en cuanto a sus expectativas. Podría defenderme afirmando que yo no era consciente acerca del respeto que esta persona me tenía. Hay elementos de verdad en cada una de estas frases.

Sin embargo, en su percepción llegué a ser inaccesible, asumí un rol de liderazgo al entrenar a esta persona y al mediar su situación. Suministré aconsejamiento bíblico incluyendo tanto ley como evangelio, y él admiraba el manejo que yo tenía de la Escritura. Este hombre se hizo vulnerable para conmigo, y hablamos abiertamente de sus debilidades. Él me confió información confidencial acerca de sus luchas personales. Llegué a ser una figura de autoridad para esta persona, y no me di cuenta cómo esto afectaba mi comunicación con él. En vez de buscar comprender nuestra relación desde su punto de vista, me enfoqué en cómo yo la entendía.

La autoridad puede ser dada de dos maneras. La autoridad *posicional* es conferida por el cargo que uno ocupa: pastor, empleador, madre, esposo, gobernante, etc. La autoridad *personal* es concedida a alguien por parte de aquellos que lo respetan como persona. Muchos de nosotros poseemos ambas autoridad *posicional* y *personal* cuando servimos en una posición establecida y hemos ganado respeto y confianza por parte de aquellos que se someten a nosotros.

Dios estableció expectativas altas para quien sirve en una posición de autoridad, ya sea posicional o personal. A empleadores y supervisores: "Ustedes, los amos, hagan lo mismo con sus siervos. Ya no los amenacen. Como saben, el Señor de ellos y de ustedes está en los cielos, y él no hace acepción de personas" (Efesios 6:9 RVC). A los padres: "Ustedes, los padres, no exasperen a sus hijos, sino edúquenlos en la disciplina y la instrucción del Señor" (Efesios 6:4 RVC). A los maridos: "Ustedes los esposos, amen a sus esposas, y no las traten con dureza" (Colosenses 3:19 RVC). A todos los cristianos que sirven como embajadores de Cristo: "Cultiven entre ustedes la mutua sumisión, en el temor de Dios" (Efesios 5:21 RVC).

A los pastores, predicadores y ancianos: "Pero es necesario que el obispo sea irreprensible y que tenga una sola esposa; que sea sobrio, prudente, decoroso, hospedador, apto para enseñar; no afecto al vino, ni pendenciero, ni codicioso de ganancias deshonestas, sino amable, apacible, no avaro; que gobierne bien su casa, que tenga a sus hijos en sujeción y con toda honestidad" (1 Timoteo 3:2-4 RVC). San Pedro añade: "Cuiden de la grey de Dios, que está bajo su cuidado. Pero háganlo de manera voluntaria y con el deseo de servir, y no por obligación ni por el mero afán de lucro. No traten a la grey como si ustedes fueran sus amos. Al contrario, sírvanle de ejemplo" (1 Pedro 5:2-3 RVC).

Aunque Jesús es santo, es accesible. Sufrió por causa de nosotros. Perdona gratuitamente. Puso a un lado su gloria celestial para asumir el humilde estado humano, como para servir a los pecadores.

> Que haya en ustedes el mismo sentir que hubo en Cristo Jesús, quien, siendo en forma de Dios, no estimó el ser igual a Dios como cosa a que aferrarse, sino que se despojó a sí mismo y tomó forma de siervo, y se hizo semejante a los hombres; y estando en la condición de hombre, se humilló a sí mismo y se hizo obediente hasta la muerte, y muerte de cruz (Filipenses 2:5-8).

Gentil, vulnerable, humilde, amoroso, perdonador, son las características que describen a alguien que es accesible. Sin embargo, estos mismos atributos son vistos muchas veces como debilidades en el mundo, y la gente prefiere seguir a personas que hacen alarde de cualidades opuestas. Admiramos a aquellos que parecen ser invulnerables. Valoramos la fuerte confianza propia, que en realidad puede ser mejor identificada como orgullo personal. Preferimos seguir a aquellos que parecen impecables y casi perfectos. Aprendemos a despreciar a aquellos que admiten sus errores.

Los embajadores de Cristo confían en el método de Dios para el liderazgo. Son percibidos como gente accesible por cuanto demuestran fidelidad en su conocimiento y aplicación de la Escritura a sus vidas personales. No buscan ser reconocidos como líderes perfectos, pero apuntan hacia el que lo es. Dios es perfecto. Es invulnerable, aunque Cristo se humilló a sí mismo por nuestra causa. Es seguro de sí mismo. No tiene debilidades inherentes.

Los líderes cristianos no pueden servir de manera efectiva pretendiendo ser Dios. En vez de eso, deben reconocer su rol de siervos. Los pastores, maestros, padres, empleadores, y otras autoridades terrenales representan a Dios y su autoridad pero no lo reemplazan. Los embajadores no asumen toda la perfección y el prestigio de aquel a quien representan.

Conocidos por su accesibilidad

Un hombre en mi iglesia que continúa inspirándome es alguien a quien conozco desde mi niñez. Como mi maestro de tercer grado de Escuela Dominical, Lew (¡su verdadero nombre!) muchas veces reconocía sus propias luchas de vivir como Dios mandaba. Durante las reuniones de la congregación he visto a Lew hablar sobre varios asuntos con claridad y gracia, estar en desacuerdo sin ofender. En una ocasión Lew medió en una disputa entre mí y otro líder de la iglesia. Respeté sus palabras y me sentí confortable hablando de mis errores por cuanto sabía que Lew era honesto acerca de sus propias fallas. En la clase bíblica para adultos, Lew no tiene miedo de hablar acerca de sus dudas y temores o por su mal manejo de eventos pasados, aun cuando sirve como uno de los ancianos de nuestra iglesia. Siempre de nuevo apunta hacia Cristo como su fuente de fortaleza. Lew es respetado como un líder piadoso, no porque es perfecto, sino porque su fe se muestra por la manera en que vive.

He sido beneficiado por un maravilloso cuidado pastoral. Los pastores que me han confortaso más, fueron aquellos accesibles. Como mi Señor Jesucristo, confié en ellos para examinar gentilmente mis acciones sin condenarme. Antes de que abriera mi boca, sabía que recibiría perdón. Con toda confianza saqué afuera mis peores temores por cuanto tenía un confidente que me ayudaba a cargar mi cruz. Una de las razones por las que los encontraba fáciles de acceder fue por causa de la propia transparencia de ellos.

Estos dotados líderes de la iglesia no usaron el púlpito o su posición de enseñanza como su confesionario personal. No confesaban públicamente sus pecados privados delante de nosotros todas las semanas. Pero compartían historias acerca de ellos mismos que revelaban su pecaminosidad, de tal modo que podían animar a aquellos de nosotros que teníamos la tendencia de negar nuestros pecados. Eran rápidos para admitir errores en reuniones de comisión o en interacciones personales, pidiendo perdón. Perdonaban una y otra vez, aun cuando aquellos que los herían parecían no merecerlo.

Ninguno de los líderes de la iglesia que admiro son perfectos. Todos luchan con el pecado. Todos ellos resisten perdonar tan rápidamente como Dios manda. Pero exhiben aquellos dones espirituales de gozo, paz, paciencia, bondad, amabilidad, fidelidad, gentileza y dominio propio. No tienen miedo de admitir sus debilidades al dar ejemplos en público o al confesar pecados específicos a aquellos a quienes han ofendido. Al hacer así, demuestran fe en un Dios perdonador.

Una nueva creación en Cristo

¿Puede un líder de la iglesia superar su reputación de ser inaccesible? En una congregación con la cual trabajé, al pastor se había alejado de cualquier relación personal en la iglesia. Explicaba que al permanecer algo distante, podría evitar la complicación que surge de la envidia por gente que trata de estar más cerca del pastor. A través de los años desarrolló mecanismos para distanciare de cualquiera de sus miembros, y muchos de los miembros en su iglesia sentían que él era indiferente y que no escucharía las preocupaciones de ellos.

María servía como presidente de la comisión de los jóvenes,

y se había ofendido por algunas de las acciones de su pastor. La animé a hablar directamente con él. Ella predecía que él le daría fríamente la espalda. Reunirse con él sería infructífero. Con algunas palabras de ánimo de la Escritura de "ir a reconciliarse" (Mateo 5:24), fue a pedir una entrevista con el pastor. Tal como había anticipado, el pastor Hansen hizo que las cosas fueran difíciles para ella al limitar la entrevista a unos pocos minutos, en su oficina , ubicándola en oposición a su gran escritorio, y dándole respuestas como quien ejercía el predominio sobre ella. Ella dejó su oficina disgustada y me llamó para decir, "le dije que sería así." Le pedí a María que me permita conversar personalmente con el pastor Hansen.

Después de algún adiestramiento con el pastor Hansen, sin embargo, comenzó a percibir cómo su conducta de autoprotección en verdad alejaba a la gente en su iglesia. Si bien él se consideraba un pastor que cuida y ama, le fue duro darse cuenta que muchos lo consideraban frío e indiferente. Después de un tiempo comenzó a considerar la posibilidad de que había descuidado la provisión de cuidado personal y pastoral a varios individuos, especialmente a algunos de sus líderes claves. Hizo preguntas para probarse a sí mismo que indicaban un cambio de corazón de justicia propia a arrepentimiento.

Al reunirse con el liderazgo de su iglesia, el pastor Hansen leyó una confesión pública bien preparada. No confesó pecados de naturaleza privada, sino que admitió aquellas cosas que eran conocidas entre ese grupo de gente. Incluyó su práctica de hacer sentir a la gente inconfortable al mostrarse no disponible y difícil de acceder. Mencionó especialmente que había pecado contra María de esta manera, citando un ejemplo de una reunión del consejo de la iglesia en la que le habló duramente, y expresaba esperanza de poder encontrar el perdón personal de ella cuando esta reunión de grupo haya terminado.

Nadie dijo una palabra cuando él finalizó, pero se podían oír varios suspiros de alivio. Animé a los líderes laicos a leer las palabras familiares de absolución que el pastor Hansen proclamaba sobre ellos todos los domingos. Un silencio inconfortable se volvió en lágrimas de gozo cuando la gente reconoció el poder de la reconciliación. Varias reconciliaciones personales siguieron a la confesión y perdón grupal.

Más tarde el pastor Hansen llamó a María para concertar otra entrevista, pero esta vez en un lugar de su elección. No puso límite de tiempo. Él le pidió perdón, y ella lo perdonó libremente. Su segunda reunión llegó a ser productiva para ambos. Dos años más tarde escuché de esta mujer que el pastor Hansen a veces sigue siendo difícil de acceder por causa de sus muchas responsabilidades, pero para ella y para otros él es mucho más accesible y personal. La reconciliación abrió la puerta para que las relaciones rotas se sanen.

¿Hay esperanza para aquellos de nosotros que a veces somos difíciles de acceder? Sí, pero solamente si realmente creemos que nuestro Dios es más grande que el pecado que condujo a este problema. Pablo nos recuerda:

> De modo que si alguno está en Cristo, ya es una nueva creación; atrás ha quedado lo viejo: ¡ahora ya todo es nuevo! Y todo esto proviene de Dios, quien nos reconcilió consigo mismo a través de Cristo y nos dio el ministerio de la reconciliación. Esto quiere decir que, en Cristo, Dios estaba reconciliando al mundo consigo mismo, sin tomarles en cuenta sus pecados, y que a nosotros nos encargó el mensaje de la reconciliación (2 Corintios 5:17-19 RVC).

Por nosotros mismos no podemos superar los pecados que nos mantienen inaccesibles, y no podemos sobrevivir a la reputación que hemos creado para nosotros mismos. Pero con Cristo somos nuevas criaturas. En la confesión de pecados y la recepción de perdón, se nos da la oportunidad de comenzar de nuevo cada día. La Escritura nos enseña acerca de este caminar diario en fe. "Si alguno quiere seguirme, niéguese a sí mismo, tome su cruz cada día, y sígame" (Lucas 9:23 RVC). "En cuanto a su pasada manera de vivir, despójense de su vieja naturaleza, la cual está corrompida por los deseos engañosos; renuévense en el espíritu de su mente, y revístanse de la nueva naturaleza, creada en conformidad con Dios en la justicia y santidad de la verdad (Efesios 4:22-24 RVC).

¡Imagine cuán inaccesible era Saulo enseguida después de su conversión en el camino a Damasco! Era ampliamente conocido por su persecución contra los cristianos. La vida y la reputación de Saulo fueron transformadas radicalmente por medio de la confesión de pecado y la recepción del perdón. Ananías arriesgó su vida para servir a Saulo como un embajador de reconciliación. San Pablo, como lo conocemos, habló muchas veces de su condición humana pecadora. Podemos identificarnos con un hombre que se declaró a sí mismo "el principal de los pecadores." Podemos aproximarnos a tal santo que expresa personalmente las batallas diarias que nosotros también enfrentamos:

> No entiendo qué me pasa, pues no hago lo que quiero, sino lo que aborrezco. Y si hago lo que no quiero hacer, compruebo entonces que la ley es buena. De modo que no soy yo quien hace aquello, sino el pecado que habita en mí. Yo sé que en mí, esto es, en mi naturaleza humana, no habita el bien; porque el desear el bien está en mí, pero no el hacerlo (Romanos 7:15-18 RVC).

El rey David habrá llegado a ser inaccesible en sus pecados contra Dios, Betsabé y Urías. Por cierto vivió mucho tiempo en su pecado. Parecía que nadie lo iba a exhortar hasta que el profeta Natán vino al rey con la Palabra de Señor. Entonces, en arrepentimiento y confesión, la paz de David con Dios fue restaurada con perdón. Después de gustar nuevamente el gozo de la salvación, reconoció que llegó a ser mejor calificado para guiar a otros, enseñando a los transgresores acerca de los caminos de Dios ayudando a los pecadores a volver a Dios. En el Salmo 51, celebramos este nuevo comienzo con David:

> Dios mío, ¡crea en mí un corazón limpio! ¡Renueva en mí un espíritu de rectitud! ¡No me despidas de tu presencia, ni quites de mí tu santo espíritu! ¡Devuélveme el gozo de tu salvación! ¡Dame un espíritu dispuesto a obedecerte! Así instruiré a los pecadores en tus caminos; así los pecadores se volverán a ti. Dios mío, Dios de mi salvación, ¡líbrame de derramar sangre, y mi lengua proclamará tu justicia! Abre, Señor, mis labios, y mi boca proclamará tu alabanza. Aún si yo te ofreciera sacrificios, no es eso lo que quieres; ¡no te agradan los holocaustos! Los sacrificios que tú quieres son el espíritu quebrantado; tú, Dios mío, no desprecias al corazón contrito y humillado. (Salmo 51:10-17)

Embajadores cuyas vidas reflejan arrepentimiento, confesión y perdón aumentan su efectividad en servir a Cristo y a otros. No solamente cuentan la buena noticia acerca de Jesús, la viven.

10: Examinando el pecado

Por su uso en el servicio divino, la confesión grupal de pecados ha llegado a ser una rutina para muchos de nosotros. Admitimos prontamente que todos por naturaleza somos pecadores. Confesamos que hemos pecado en "pensamientos, palabras y obras, por lo que hemos hecho y por lo que hemos dejado de hacer." Y cuando recitamos estas palabras familiares muchas veces, es fácil repetirlas sin examinar nuestro corazón y sin ser disgustados por la desagradable verdad de nuestra condición pecadora.

Examinar los pecados personales es una tarea escabrosa. Es especialmente inquietante si se trata de mi pecado. Si este tópico le resulta desagradable, usted podría considerar saltear este capítulo. Pero espere-quizá usted y yo somos precisamente el tipo de personas que necesitamos pensar un poco más en examinarnos a nosotros mismo.

¿Cómo examina usted su propio pecado? Quiero decir, verdaderamente. No haga una lista de respuestas fáciles que usted ya conoce bien. ¿Cómo se examina realmente para determinar si ha pecado? (¡Respuestas honestas a estas preguntas son buenos precalentamientos para el auto examen!)

Al presentar seminarios sobre pacificación, muchas veces pregunto a la gente sobre la forma en que se examinan a sí mismos. Las primeras respuestas incluyen las siguientes:

- Pregúntate a ti mismo cómo has actuado.
- Piensa acerca de ello por un momento.
- Compare sus acciones con otros.

Después de algunas indicaciones, siguen otras respuestas:

- Lee la Biblia.
- Repase los diez mandamientos.

- Ore acerca de ello.

Finalmente, alguno va a sugerir algo que requiere interacción personal:

- Pide a alguien más que te ayude.

¿A quién?

- Tu cónyuge
- Un amigo íntimo
- A Dios (en oración o a través de la Escritura)
- La persona con la que estas en conflicto (¡este es un pensamiento radical!)

¿Ve usted alguna posibilidad faltante? ¿Hay otra manera de ayudarnos a examinar nuestros pecados que no esté en esta lista? ¿Y tu *pastor*?

"Claro, seguro," va a responder la gente con asentimiento silencioso. "Debemos preguntar a nuestro pastor."

Si buscar la ayuda de nuestro pastor para auto examinarnos es una posibilidad real, ¿por qué es que la gente raras veces piensa en el pastor? Esto ocurre cuando hablo con un grupo de laicos, con grupos mixtos de laicos y pastores, e incluso en conferencias pastorales. Para muchos, el cuidado y aconsejamiento pastoral ya no equivale a aplicar el evangelio a la consciencia culpable en confesión y absolución. Por lo tanto, no practicamos buscar el cuidado pastoral cuando estamos preocupados por el pecado o cuando estamos cómodos en nuestra piedad basada en la justicia propia.

¿Es realmente necesario examinar mi pecado?

¿Por qué no pedimos ayuda para examinar nuestros propios pecados?

Aquí reside una tragedia irónica de la iglesia. No le pedimos a nuestro pastor que nos ayude a examinar nuestros corazones pecaminosos por cuanto no queremos que él conozca cuán pecadores en verdad somos. ¡Eso es correcto! Queremos que él vea todas nuestras buenas obras. Queremos que él sepa cuánto damos en ofrenda. Le contamos acerca de la gente enferma que visitamos. Le informamos acerca de los grupos de trabajo en los que servimos. Le hacemos saber acerca de todas las demás cosas buenas que hemos hecho. Consciente o no, pretendemos comunicar, "Sí, pastor, ¡yo soy un muy buen cristiano si se me permite decirlo!"

No solamente mostramos buena apariencia delante nuestro pastor, sino que también pretendemos que somos perfectos delante de los otros miembros de la iglesia. Los pastores son a veces los que más practican esta farsa delante de los miembros de la iglesia o ante sus pares. Como un médico que raras veces visita a su médico personal, los pastores muchas veces son reacios a hablar acerca de sus pecados personales con un hermano pastor. Bonhoeffer notó esto en cuanto a la interacción en la congregación:

> La comunidad piadosa, en efecto, no permite a nadie ser pecador. Por esta razón cada uno se ve obligado a ocultar su pecado a sí mismo y a la comunidad. No nos está permitido ser pecadores, y muchos cristianos se horrorizarían si de pronto descubriesen entre ellos un auténtico pecado. Por eso optamos por quedarnos solos con nuestro pecado, a costa de vivir en mentira e hipocresía porque, aunque nos cueste reconocerlo, somos efectivamente pecadores (Bonhoeffer, *Vida en comunidad,* 105).

Cuando sufrimos una enfermedad física, somos francos nuestro doctor acerca de nuestras dolores y heridas; proveemos detalles íntimos acerca de nuestro estilo de vida que pudieron haber contribuido a la enfermedad. Nos damos cuenta que tenemos que ser claros para ayudar a diagnosticar nuestro malestar o lesión y recibir el tratamiento adecuado. Algunos de nosotros podríamos tratar de convencer al médico de que hacemos ejercicios y tenemos una dieta balanceada más de lo que realmente hacemos. Pero cuando el profesional revisa nuestro peso, escucha nuestro corazón y examina y prueba nuestro cuerpo físico, nuestra verdadera condición queda expuesta. Aun cuando creemos que estamos sanos, nos sometemos a cuidadosos exámenes regulares para ver si todo está bien. Nos sometemos a nosotros mismos a un escrutinio invasivo, ya sea que creamos que estamos sanos o enfermos, para mantener nuestra salud física.

¿No es fascinante ver cómo el cristiano es más propenso a ser sincero con su médico acerca de detalles físicos íntimos que ser transparente con el pastor, que puede administrarle sanidad espiritual? ¿Qué es más importante para el creyente? Más aún, ¿quién provee cuidado pastoral para el pastor?

Jesús nos enseña que las necesidades eternas son mucho más serias que los problemas corporales: "Amigos míos, yo les digo a ustedes que no deben temer a los que matan el cuerpo, porque más de eso no pueden hacer después. Yo les voy a enseñar a quién deben temer: Teman a aquel que, después de quitar la vida, tiene el poder de arrojarlos en el infierno. Sí, a él ténganle miedo" (Lucas 12:4-5 RVC).

Aun para el regenerado, el deseo de ser justo por nuestros propios esfuerzos nos tienta a negar el pecado. El rey David se hundió en un espiral de negaciones mientras ignoraba sus pecados de lujuria, codicia, abuso de autoridad, adulterio, mentira, encubrimiento y asesinato (2 Samuel 11). Jesús enfatizó este peligro ante sus seguidores: "¡Hipócrita! Saca primero la viga de tu propio ojo, y entonces verás bien para sacar la paja del ojo de tu hermano" (Mateo 7:5 RVC). Juan escribió a los Creyentes: "Si decimos que no tenemos pecado, nos engañamos a nosotros mismos, y la verdad no está en nosotros" (1 Juan 1:8 RVC).

En su libro *Dying to Live: The Power of Forgiveness*,

Harold Senkbeil describe esta situación común de héroes auto proclamados de justicia:

> Es una simple cuestión de verdad. En lo que de nosotros depende, nos excusamos por nuestros pecados. Nos decimos a nosotros mismos que no teníamos opción; otros eran los culpables. A veces creamos todo un mundo ficticio para nosotros mismos, reescribiendo el contenido de la realidad. Y en esta descripción siempre somos el protagonista principal. En nuestra visión de la realidad, siempre somos los héroes. El villano es el otro. (p. 85)

Dejados a nuestros propios vicios, nos desviamos creyendo que nuestros propios pecados no son tan malos como los de los otros. Justificarse a uno mismo lleva a un montón de otros pecados, uno de ellos es juzgar. Bonhoeffer identifica esta trampa: "Es la lucha del hombre natural por su autojustificación, que le hace comparar, juzgar y condenar. La justificación del hombre por sí mismo y el hecho de juzgar a los demás son inseparables, como lo son la justificación por la gracia y el servicio al prójimo que de ella depende" (Vida en Comunidad, 84). Más tarde Bonhoeffer concluye: "Si mi pecado, al compararlo con el de los otros, me sigue pareciendo de algún modo menos grave y menos condenable, es que mi desconocimiento de él es absoluto" (Ibíd., 89).

Admitir la repulsión de la inmundicia de nuestro pecado nos deja en desesperada necesidad de sanidad. La confesión es seguida por la buena noticia: "Tus pecados son perdonados, ve en paz."

Los salmos expresan la opresión de los pecados no confesados y la liberación que se encuentra en la confesión y el perdón:

> Mientras callé, mis huesos envejecieron,
> pues todo el día me quejaba.

> De día y de noche me hiciste padecer;
> mi lozanía se volvió aridez de verano.
> Te confesé mi pecado; no oculté mi maldad.
> Me dije: «Confesaré al Señor mi rebeldía»,
> y tú perdonaste la maldad de mi pecado. (Salmo 32:3-5 RVC)

Como el examen de nuestro cuerpo físico, examinar el pecado puede ser saludable. Buscamos asistencia médica cuando experimentamos dolor o incomodidad, mal funciones en el cuerpo o alguna herida física. Para cuidado preventivo, nos sometemos a revisación médica aun cuando parece no haber síntomas. El diagnóstico comienza con el examen de los síntomas y descripción de los eventos que condujeron al problema. Siguen los test para verificar los descubrimientos iniciales. El médico administra el tratamiento y recomienda cambios para mejorar la salud.

Debemos reconocer señales de advertencia que indican el tiempo para un examen espiritual como para que podamos experimentar sanidad por medio del arrepentimiento, confesión y perdón.

Relaciones rotas, especialmente las íntimas o de largo tiempo, son causadas o agravadas por el pecado de todas las partes. Si usted tiene conflictos no resueltos entre sus relaciones de familia, amigos o asociados de negocios, usted se podría beneficiar con un examen de sus pecados. Recuerde esto: cuánto más personal es la relación, más urgentemente usted necesita ese examen.

Si usted intenta ser crítico hacia otros (juzgándolos), es una indicación que usted necesita un examen espiritual. Si usted escucha con entusiasmo los chismes y los "comparte" con otros, ya está atrasado en pedir una cita, especialmente si ha progresado en defender sus acciones ante cualquiera que intente confrontarlo. San Pablo escribe, "Por tanto tú, que juzgas a otros, no tienes excusa, no importa quién seas, pues al juzgar a otros te condenas a ti mismo, porque haces las mismas cosas que hacen ellos" (Romanos 2:1 RVC).

Si usted se siente confiado porque ya no peca mucho, por lo menos no como *cierta* gente, entonces es tiempo para un examen. Quizá ya pasó algún tiempo desde que su corazón ha sido monitoreado. No espere hasta que su corazón falle y el odio lo consuma-¡hágase un test!

Analizar mi pecado me conduce a buscar perdón personal. Dios ama tanto a cada uno de nosotros que Jesús habría muerto sólo por mí aunque yo fuera el único pecador sobre la tierra. Personalizar y hacerme cargo de mis pecados me permite experimentar personalmente el gozo de la salvación encontrado en Jesucristo. Bonhoeffer observa:

> La confesión general no sirve más que para hacer a los hombres más hábiles en justificarse a sí mismos. Yo no puedo conocer toda la perdición y la corrupción de la naturaleza humana más que por la experiencia personal, es decir, en la experiencia de sus pecados concretos y precisos. Por eso una confrontación con los diez mandamientos será la mejor preparación para la confesión. Sin esto, corro el peligro de caer en la hipocresía y quedar sin consuelo. (Vida en Comunidad, 112)

Métodos saludables de examen

A principios de este capítulo presenté una lista de las diversas respuestas que da la gente a la pregunta sobre cómo se examinan a sí mismos. Veamos un poco más de cerca a algunas de ellas.

Preguntarse a usted mismo cómo ha actuado, o contemplar cómo ha pecado, puede ser útil. Pero para la mayoría de nosotros, la negación y al autojustificación rápidamente diluyen la verdad acerca de nuestro pecado. Comparando nuestra acción con la de otros es especialmente dañino, porque tendemos a ver los errores de los otros mucho más fácilmente que los nuestros propios, y eso nos lleva a juzgar a otros. Por eso, Jesús nos amonesta a sacar la viga de nuestro propio ojo antes de intentar sacar la basurita del ojo de nuestro hermano.

Usar la Escritura, comparar nuestros pecados con los mandatos de Dios, y orar por discernimiento es mucho más productivo para un examen bíblico. Invitar a un hermano cristiano también puede ser beneficioso. Podemos preguntar a alguien que nos quiere, tales como el cónyuge o un amigo cercano, o podemos invitar a nuestro adversario a que nos asista para identificar las vigas en nuestros ojos. Buscar el consejo de nuestro pastor, como el ministro llamado de nuestra congregación, también es apropiado.

Usar la Escritura

La Escritura saca del medio la capa protectora de autojustificación:

> La palabra de Dios es viva y eficaz, y más cortante que la espada de dos filos, pues penetra hasta partir el alma y el espíritu, las coyunturas y los tuétanos, y discierne los pensamientos y las intenciones del corazón. Nada de lo que Dios creó puede esconderse de él, sino que todas las cosas quedan al desnudo y descubiertas a los ojos de aquel a quien tenemos que rendir cuentas. (Hebreos 4:12-13 RVC)

La Biblia nos recuerda que Dios ve a toda la gente como imperfecta: "Jah, si mirares a los pecados, ¿quién, oh Señor, podrá mantenerse?" (Salmo 130:3 RV). "Todos nosotros nos descarriamos como ovejas, cada cual se apartó por su camino" (Isaías 53:6 RV). Aun el cristiano más piadoso que piensa que sólo se ha desviado suavemente, está condenado en la Palabra de Dios. "Porque cualquiera que cumpla toda la ley, pero que falle en un solo mandato, ya es culpable de haber fallado en todos" (Santiago 2:10 RVC).

Al permitir que la Escritura analice directamente nuestros corazones se ven poderosos resultados. Estuve mediando una disputa entre dos vecinos que estaban en guerra el uno con el otro sobre un cerco en el límite entre sus propiedades. En la medida que el conflicto se incrementaba, Patricio tomó su motosierra y destruyó parte del cerco de Alberto. Durante la mediación, Alberto intentó confrontar a Patricio por el ataque a su propiedad. Patricio se volvió bastante petulante acerca de su conducta infantil hacia Alberto, y por la pérdida de su temperamento. Tratando de mostrar cómo Patricio daba mal ejemplo a sus hijos, Alberto le dio un golpe bajo a su vecino al afirmar que era un fracaso como padre. Detuve la discusión para reunirme por separado con las dos partes.

En mi conversación privada con Alberto, le pregunté acerca de su elección de palabras. Estaba indignado.

"Usted escuchó lo que él hizo. Imagine lo que sus hijos aprendieron acerca de cómo terminar con una disputa con el vecino. Simplemente anda y destruye la propiedad del otro. ¿Qué clase de padre piensa él que es, después de todo?

"Sé que usted intentó hacer una revisión de la realidad con Patricio recordándole de su rol de padre. Pero las palabras que usamos y el tono de voz que aplicamos hablan fuertemente de lo que somos delante de Dios. Alberto, usted es un maestro de estudio bíblico, sé que tiene en alta estima a la Palabra de Dios y que depende de ella en todos los aspectos de su vida. Tomémonos un momento para revisar una porción de la Escritura. ¿Sería tan amable de leer en voz alta, Efesios 4, desde el versículo 29 hasta el 32?"

Alberto abrió su Biblia.

> No pronuncien ustedes ninguna palabra obscena, sino sólo aquellas que contribuyan a la necesaria

> edificación y que sean de bendición para los oyentes. No entristezcan al Espíritu Santo de Dios, con el cual ustedes fueron sellados para el día de la redención. Desechen todo lo que sea amargura, enojo, ira, gritería, calumnias, y todo tipo de maldad. En vez de eso, sean bondadosos y misericordiosos, y perdónense unos a otros, así como también Dios los perdonó a ustedes en Cristo.

Su voz se fue apagando antes de finalizar el texto, y sus ojos se llenaron de lágrimas. El arrepentimiento reemplazó su bronca incandescente, y yo lo conforté con la preciosa noticia del perdón. Renovado por la fuerza del evangelio, Alberto preparó su confesión para su vecino. Cuando Alberto confesó su pecado de enojo y palabras duras, el corazón de Patricio se ablandó, y lo llevó a confesar también, y los hombres se reconciliaron.

Usando los diez mandamientos

Revisar la ley de Dios, especialmente los diez mandamientos, es útil para examinar nuestros corazones y para exponer nuestros pecados. Sin embargo, uno puede hacer una rápida pasada por los mandamientos, sacando aquellos que uno cree que no quebrantó y concluir, "he aquí, yo he guardado todos los mandamientos de Dios." En los Evangelios, leemos acerca de un hombre joven que preguntó a Jesús qué debe hacer él para heredar la vida eterna. Jesús repasó los mandamientos con él, a lo que el hombre respondió, "todo esto lo he cumplido desde mi juventud" (Marcos 10:20 RVC). Cuán fácil es para nosotros proclamar nuestra justicia propia, incluso delante de Dios.

Los mandamientos de Dios requieren perfección de todo pensamiento, palabra y obra. Examinar nuestros corazones de acuerdo con los mandamientos de Dios incluye probar la condición de nuestro corazón.

Al ayudar a una congregación a comprender la seriedad de su situación pecaminosa, comparé las actividades corporativas de los líderes y miembros contra mandamientos específicos. Por ejemplo, pecaban contra el primer mandamiento, "No tendrás otros dioses," cuando temían más a gente y a cosas que a Dios, cuando anhelaban lo creado más de lo que amaban a Dios, y cuando confiaban en sus propios juicios más de los que confiaban en Dios. Algunos de sus ídolos incluían su estilo de culto favorito, su escuela santificada, y sus estadísticas de crecimiento pasado. Una gran mayoría de los miembros fallaban en guardar el día de reposo porque se escapaban del estudio bíblico. Quedé asombrado de ver que la mayoría de sus líderes laicos elegidos, aun ancianos, tenían dificultad para localizar el evangelio de Juan cuando les pedí que lo hagan. Su negligencia se revelaba por la falta de familiaridad con la Escritura. En mis reuniones con individuos y comités, la gente divulgó su gran disgusto unos por otros. Les recordé que violaron la ley de Dios de no asesinar: "Todo aquel que odia a su hermano es homicida, y ustedes saben que ningún homicida tiene vida eterna permanente en él" (1 Juan 3:15 RVC).

Cuando me reuní originalmente con los líderes de la congregación, estaban confiados en sus logros como iglesia y eran escépticos en cuanto a mi sugerencia que algunos de ellos podrían haber pecado. Todos conocían los mandamientos (o para ser más preciso, conocían *acerca* de ellos), pero no habían sido desafiados a examinar cuidadosamente su vida corporativa frente al significado de los mandamientos. A partir de mi examen detallado, mi recomendación más importante era "Arrepiéntanse y crean el evangelio." Lo que siguió fue un tiempo refrescante de confesión y perdón que marcó un cambio significativo en la historia de esa iglesia.

Usando la oración

Nuestro antiguo manual de culto, el salterio, ofrece muchas

oraciones penitenciales pidiendo la asistencia de Dios en el examen. Uno de los ejemplos más profundos es el Salmo 139, cuando el salmista reconoce que Dios lo conoce íntimamente, y por lo tanto invita a Dios a examinarlo. El salmo es una confesión impresionante de fe cuando usted considera que el pecador pide al Dios santo, omnisciente y eterno que examine su corazón y que ponga los pecados al descubierto. Por el otro lado, el salmo testifica acerca de la verdad inconmovible que Dios no desea que el pecador sea condenado, sino que sea restaurado:

> Señor, tú me has examinado y me conoces;
> tú sabes cuando me siento o me levanto;
> ¡desde lejos sabes todo lo que pienso!
> Me vigilas cuando camino y cuando descanso;
> ¡estás enterado de todo lo que hago!
> Todavía no tengo las palabras en la lengua,
> ¡y tú, Señor, ya sabes lo que estoy por decir!...
> Señor, examina y reconoce mi corazón:
> pon a prueba cada uno de mis pensamientos.
> Así verás si voy por mal camino,
> y me guiarás por el camino eterno. (Salmo 139:1-24)

En la oración nosotros hablamos con Dios. Por medio de su Palabra escrita y hablada, él nos responde. A veces usa a personas de nuestro entorno para verbalizar su verdad.

Usando hermanos hermanas cristianos

La Biblia nos anima a enseñarnos, amonestarnos y confortarnos el uno al otro, y a ayudarnos a llevar las cargas los unos de los otros. Miembros del cuerpo de Cristo se sirven los unos a los otros cuando hablan la verdad en amor acerca de pecado y de la gracia. Éstas pueden ser personas que están cerca de nosotros, o puede incluir a aquellos que tienen algo contra nosotros.

En la carta de Pablo a la iglesia de Colosas somos instruidos:

"La palabra de Cristo habite ricamente en ustedes. Instrúyanse y exhórtense unos a otros con toda sabiduría; canten al Señor salmos, himnos y cánticos espirituales, con gratitud de corazón" (Colosenses 3:16 RVC). Hermanos y hermanas se rinden cuentas mutuamente en amor por causa de Cristo, no para condenarse el uno al otro, sino para confortarnos con el evangelio y recordarnos mutuamente acerca de nuestro testimonio.

A los Gálatas, Pablo escribió, "Hermanos, si alguno es sorprendido en alguna falta, ustedes, que son espirituales, restáurenlo con espíritu de mansedumbre. Piensa en ti mismo, no sea que también tú seas tentado. Sobrelleven los unos las cargas de los otros, y cumplan así la ley de Cristo" (Gálatas 6:1-2 RVC). Los cristianos tienen una responsabilidad hacia aquellos que están enredados en el pecado, ya sea que la persona atrapada por el pecado busque asistencia o no. De todos modos, una advertencia va con el mandato al examinador: sea cuidadoso de no caer también en una trampa parecida. Examinar el pecado de otra persona puede llevar fácilmente a actitudes de juicio y justicia propia.

En Mateo 18, Jesús enseña que la persona ofendida debe ir al ofensor para mostrarle su falta: "Por tanto, si tu hermano peca contra ti, ve y repréndelo cuando él y tú estén solos. Si te hace caso, habrás ganado a tu hermano" (Mateo 18:15 RVC). Esta acción podrá requerir intentos repetidos por un largo período de tiempo. Si el ofensor no quiere escuchar, Jesús explica que se debe pedir a dos o tres personas para que asistan. Si el pecador sigue sin hacerles caso a ellos, entonces la responsabilidad cae sobre la iglesia. En cada situación, el pecador es guiado por hermanos creyentes que le ayudan a reconocer su pecado para alcanzar restauración.

Por cuanto el ser examinado por otros puede hacernos sentir incómodos, muchas veces nos resistimos a ser asistidos por otros o hacemos que sea muy difícil para ellos servirnos. Si se da que somos autoridad, podemos hacer que sea casi imposible que aquellos que están bajo nosotros puedan ayudarnos a examinar nuestro pecado. En tales situaciones, si realmente deseamos consejos piadosos acerca de nuestro pecado, tenemos que invitar específicamente a que lo hagan.

Carolina era una líder laica en la iglesia guiada por el pastor Bock. Su disputa no resuelta había creado divergencias crecientes en la congregación para cuando fui invitado a mediar en el caso de ellos. Cuando nos reunimos, pude ver que el pastor Bock estaba ciego en cuanto a su propia contribución al conflicto. Pedí para reunirme con él en privado por algunos minutos, preguntándome cómo podría ayudarlo a ver su pecado. Carolina era la que estaba personalmente ofendida, y estaba mejor calificada para mostrarle su falta al pastor Bock. Sin embargo, la mera presencia de su pastor la cohibía, y yo sabía que iba a ser difícil para ella decir algo útil sin ser interrumpida.

Le pregunté al pastor Bock si alguna vez le pidió a Carolina que lo ayude para identificar su pecado específico.

"¿Qué de bien puede hacer eso? Todos saben exactamente lo que Carolina piensa de mí. ¡Lo ha estado divulgando por toda la iglesia durante nueve meses!"

"Eso no es lo que quise decir, pastor Bock. ¿Alguna vez le ha dado permiso a Carolina para ayudarlo? Ella respeta apropiadamente su oficio, y hablarle a usted acerca de sus ofensas puede ser bastante intimidante. ¿Estaría usted dispuesto a invitarla a que lo asista?"

Hablamos por varios minutos. Por supuesto, le recordé acerca de la gracia que le es dada en Cristo y quien era por medio de su bautismo. Oramos por coraje y sabiduría, y volvimos a la sala de reunión. El pastor Bock suspiró, se inclinó hacia adelante para tener la atención de Carolina, y habló en con voz suave.

"Carolina, sé que la lastimé. Pensé que entendía todas las maneras en que hice esto, pero no estaríamos en esta mediación hoy si tú estuvieras convencida que yo realmente comprendí lo que estás diciendo. ¿Me quieres ayudar? [Pausó para esperar hasta que ella mirara hacia él] ¿Quieres ayudarme a sacar la viga de mi ojo para que pueda confesar mis pecados a Dios y a ti y buscar perdón?"

Carolina se quedó sentada sin palabras. Este pastor que parecía tan inaccesible para ella en el pasado, demostró una humildad que no había visto antes. Cuando finalmente respondió, habló en tonos tranquilos, a diferencia de las veces anteriores que la había oído. Sus palabras llegaron a ser más personales y menos ofensivas. Su pastor hizo preguntas claras, indicando su cuidadosa atención a las palabras de ella. Sus cejas se levantaron cuando la respuesta de ella proveyó algunas claves para comprender la nocividad de sus acciones. Por primera vez en meses, estos dos desarrollaron una conversación significativa. El hecho de que el pastor Bock haya invitado a su oponente a examinarlo llegó a ser un evento clave que condujo a la reconciliación con Carolina y muchos otros en su congregación.

Bonhoeffer nos recuerda:

> La amonestación es necesaria siempre que el hermano cae en un pecado manifiesto; es mandato de Dios. La disciplina debe comenzar a ejercerse a partir del ámbito más estrecho de la comunidad… Nada puede ser más cruel que esta forma de indulgencia que abandona al prójimo en su pecado. Y nada puede ser más caritativo que la seria reprimenda que le saca de su vida culpable. (Vida en comunidad, 100).

Recurriendo a su pastor

En los inicios de la década de 1980 sufrí una lucha financiera como corredor de bienes raíces cuando nuestro mercado cayó y las ejecuciones hipotecarias eran comunes. No sólo sufrí un descenso dramático en mis ingresos, sino que también incurrí en mayores expensas para publicitar y alquilar las propiedades vacantes. Luché contra esto invirtiendo más tiempo en el trabajo. Mi razonamiento era que podía hacer que algo pase si simplemente trabajaba lo suficientemente fuerte.

Para permanecer a flote, sacrifiqué tiempo en todas las otras áreas esenciales de mi vida: familia, esparcimiento, estudio bíblico, devociones, cuidado físico de mí mismo, etc. Cuando las facturas impagas y las comunicaciones con vencimientos fueron montadas, aumenté mis horas de trabajo pero llegué a ser menos productivo. Aunque perder peso siempre fue un lucha, perdí 30 libras en dos meses, incluso comiendo de manera casi normal. Siempre estaba cansado, traté de dormir ocho horas o más por noche, sólo para despertarme exhausto por dar vueltas en la cama. Perdiendo la esperanza, comencé a desear que Dios acabe con mi vida. Fue entonces cuando admití que estaba deprimido y que necesitaba ayuda. Concerté una entrevista con el pastor Thompson.

Mi intensión no era tener esa reunión como un momento para examinar mi pecado. Buscaba consolación y simpatía. El pastor Thompson escuchó cuidadosamente mientras le expuse mis penas, y me sentí seguro con él. Pero antes de saberlo, mi pastor comenzó a examinar mi condición espiritual. Para investigar sobre mi deseo de morir, me preguntó si yo estaba rechazando la obra expiatoria de Cristo por mí. *¡Increíble!* Pensé para mí mismo. *¡Cómo puede él cuestionar mi fe!* De manera verbal le aseguré que por cierto no había rechazado mi fe en Cristo. La siguiente pregunta parecía igualmente indiferente. ¿Por qué había dejado de asistir al estudio bíblico? *Bien,* pensé para mí mismo, *¿no me escucha cuando le cuento que tuve invertir ese tiempo trabajando? ¿Tiene él* *alguna idea de lo que es estar en mi lugar?* Me defendí a mí mismo al volver a explicar mis compromisos financieros. Siguieron otras preguntas y comentarios, todos dichos con gracia y cuidado. Pero yo no fui capaz de darme cuenta porque mi orgullo estaba bajo ataque. En mi arrogancia negué que tuviera cualquier duda en cuanto a mi fe. Admití a medias algunas de mis faltas, pero también presenté excusas por otras. Él se tomó tiempo para animarme con el evangelio, a pesar de mi débil arrepentimiento, y entonces sugirió algunos pasos concretos para corregir mis fracasos espirituales y para tomar más tiempo para mí mismo y mi familia. Terminamos con oración.

Me fui conduciendo, mi ira si infló en defensa de mi orgullo. Entonces caí en cuenta. *Ted, finalmente admitiste que estás en problemas. Buscaste ayuda en tu pastor por cuanto sabes que te ama y habla la verdad de Dios para ti. Eres un tonto si no lo pones en práctica.*

Mientras reflexionaba en las palabras del pastor Thompson, mi actitud mejoró. Recuerdo una noche algunas semanas más tarde cuando este consejo finalmente tomó forma. Estaba agradable afuera, y estuve sentado en la escalera del frente de nuestra casa, que estaba bajo ejecución de hipoteca vigente. Miré hacia el cielo y confesé a Dios que había intentado hacerme dios yo mismo. Pedí perdón, confiado en el hecho que Jesús pagó la pena total por mi orgullo y otros pecados. Mi esposa salió para ver si yo estaba bien. Le conté por dónde había viajado espiritualmente. Decidí que ya no iba a sacrificar todo lo demás para hacer que ocurran algunas cosas. Me comprometí con ella a confiar en Dios para el bienestar de nuestra familia. Aun si perdíamos todo de valor en este mundo, confesé que un Dios que podía perdonar incluso a alguien como yo, ciertamente podía hacerse cargo de nuestras necesidades terrenales.

Sin darme cuenta, el pastor Thompson me examinó. Tomó la oportunidad cuando el Espíritu Santo me motivó a buscar su ayuda. Hasta el día de hoy, todavía resisto a que mi pastor me examine a no ser que esté desesperado. (¡Tampoco me preocupo por exámenes médicos!). Sin embargo, cada vez que voy, encuentro a un pastor que está allí para aplicar amorosamente tanto ley como evangelio de una manera muy personal y maravillosa.

Recomiendo altamente que recurra a su pastor para que lo ayude a examinar su corazón.

Usar preguntas de examen

Formular la pregunta acertada puede ser muy útil para el examen. Ya sea que usted mismo se haga las preguntas o que alguien se las haga, es muy útil escribir las respuestas. Tomarse tiempo para escribir muchas veces suele hacer que usted sea más reflexivo. Visualmente provee una manera de revisar sus pensamientos en el papel, lo cual suele llevar a reflexiones adicionales. Cuando aconsejamos a otra persona, responder preguntas sutiles entre las sesiones sirve como una tarea asignada que puede ser discutida más adelante.

En el libro de Ken Sander, Pacificadores: Guía bíblica para la resolución de conflictos personales, dedica su quinto capítulo al tema de examinarse uno mismo. Las preguntas al final del capítulo han sido probadas como herramientas efectivas para el auto examen, especialmente al buscar reconciliación en relaciones personales. En uno de los apéndices de este libro también he incluido preguntas para examinarse que fueron extraídas de preguntas preparadas por la Comisión sobre servicio divino de la Iglesia Luterana Sínodo de Missouri. Estas preguntas fueron escritas para ayudarnos en la preparación para la confesión privada o para la confesión general que se usa en el servicio divino.

Peligro del examen

Examen regular de pecado puede servir como un ejercicio saludable para un hijo de Dios. Sin embargo, el abuso de esta disciplina beneficiosa puede ser perjudicial, al llevar a alguien a vivir en desesperación por culpa permanente o aun conducir a otros a creer que ellos pueden ganar la aprobación condicional de Dios para perdón.

El examen del pecado no debe ser considerado como tortura o castigo por el pecado. Por cuanto la realidad de nuestra pecaminosidad crea horror, tenemos que cuidar de no permanecer en ese estado. Revolcarse en la culpa no mejora nuestra situación. Nos puede alejar del poder del perdón de nuestro Señor, que transforma vidas. Ed Welch declara, "Todo consejero experimentado, secular o cristiano, sabe que el cambio no va a ocurrir bajo una carga de culpa y condenación. ...Culpa y cambio *no pueden* coexistir. La culpa va a socavar cualquier intento de auto reforma" (pp. 234-5).

Cuando el pecador está cargado de culpa debe buscar inmediatamente la confesión, donde oirá aquellas consoladoras palabras de absolución. Un hombre sumido en culpa requiere alivio que sólo el evangelio puede traer. Examinar el corazón de un pecador con sentimiento de culpa solamente va servir para deprimir aun más a esa persona. Aunque no entienda plenamente su pecado o la verdadera profundidad del mismo, necesita la seguridad que Cristo asumió todas nuestras culpas en la cruz y pagó plenamente por nuestros pecados. Aquellos que buscan libertad de la opresión deben alejarse de penas auto infringidas o impuestas por otros. Cuando el pecador se encuentra derribado por la culpa, necesita sanidad por medio del evangelio.

Sara cargaba una carga masiva de culpa. Se convenció a sí misma que ella había decepcionado perpetuamente a Dios y a la gente. Aunque su acusación contra sí misma tenía elementos de verdad, Sara se descuidó en no reconocer toda la verdad incluyendo la buena noticia que Cristo ha pagado por todos sus pecados,pasados, presentes y futuros. Por supuesto, ella culpaba a una madre crítica y un esposo enojado que ponían aún más culpa con el paso de los años. (Note que cuando nos revolcamos en la culpa, todavía juzgamos a otros). Cuando su pecado de infidelidad matrimonial salió a la luz, las cargas acumuladas llegaron a ser insoportables, y contempló el suicido. Examinar los pecados de Sara no era necesario o saludable para ella en ese momento. Cuando alguien ya está angustiado por el pecado, preguntas adicionales muchas veces llevan a la persona a mayor desesperación. Personas sangrantes necesitan sanación antes que se pueda hacer mayor cirugía.

En el aconsejamiento pastoral, Sara recibió perdón de Dios a través del anuncio de la absolución por parte de su pastor. Aun antes de ella entender la gravedad de su pecado, el evangelio fue administrado para darle sanación y esperanza. Después, su pastor la acompañó para confesarse con su esposo y con el otro hombre. Se hicieron las provisiones para asegurar que Sara nunca quedara desatendida cuando estaba angustiada. Cuidados intencionales, el compartir sus cargas, y la aplicación regular del evangelio trajo esperanza y ánimo a alguien que sufría años de depresión. A través del tiempo su pastor fue capaz de ayudarla a entender algunas de las cuestiones más profundas que la llevaron a la culpa largamente acumulada. El examen del pecado en el aconsejamiento pastoral de Sara llegó a ser un proceso de larga duración a través del cual ella ganó una renovada apreciación por el don del perdón.

Otro abuso del examen es cuando se lo usa para auto flagelarse. Pecadores piadosos se golpean a sí mismos con la ley, creyendo que si se castigan lo suficiente, van a ganar el favor de Dios. A propósito sacan a la luz pecados en un examen exhaustivo de tal modo que cada pecado sea limpiado.

En sus primeros años como monje, Lutero luchaba con tal actitud mientras intentaba complacer a Dios a través de diversos actos de penitencia, en vez de creer en el don libre del evangelio. Combatió rigurosamente para lograr la piedad de la vida religiosa a través del ayuno, oración y hasta flagelándose a sí mismo hasta quedar inconsciente. En la confesión diaria, se torturaba mentalmente a sí mismo para identificar y confesar cada pecado, cansando a sus confesores. Una vez confesó durante seis horas, pero poco tiempo después quedó horrorizado cuando se acordó que había olvidado algunos pecados. Un confesor cansado finalmente lo amonestó por rechazar el regalo de la cruz y tratar de lograr su propia salvación.

Usar el examen como un medio de castigo no es sólo un rotundo abuso de la disciplina, sino que también puede conducir a la conclusión impía que una persona puede llegar a ser digna de perdón por su obra de penitencia.

El examen correcto del pecado ayuda preparar al pecador para recibir perdón, pero no hace que alguien merezca por ello recibir perdón. Las Escrituras enseñan claramente que somos salvos por gracia por medio de la fe, no por obra alguna, incluyendo una confesión detallada y exacta de todos nuestros pecados: "Ciertamente la gracia de Dios los ha salvado por medio de la fe. Ésta no nació de ustedes, sino que es un don de Dios; ni es resultado de las obras, para que nadie se vanaglorie" (Efesios 2:8-9).

En la confesión de pecados, no es necesario enumerar cada pecado. De hecho, ¡es imposible! Por eso, si uno es examinado, no se debe buscar de determinar todas las maneras que se ha pecado. Tal proceso es infructífero.

> Respecto a la confesión se enseña que no se ha de obligar a nadie a enumerar los pecados detalladamente.

> Tal cosa es imposible, como el salmo dice: "Los errores, ¿quién los entenderá?" (Sal. 19:12). También Jeremías dice: "El corazón del hombre es tan perverso que es imposible escudriñarlo" (Jer. 17:9). La desgraciada naturaleza humana se ha sumido tan hondamente en los pecados que nos los puede ver ni conocer a todos. Si fuéramos absueltos solamente de aquellos pecados que podemos enumerar, poca ayuda recibiríamos. Por este motivo no es necesario obligar a la gente a enumerar los pecados en forma detallada. (CA XXV 7-10)

Así como es posible abusar de cualquier don de Dios, tenemos que usar el examen de pecado con prudencia y cuidado. No debemos descuidar la aplicación de esta disciplina. Tampoco debemos usarla para llevar a actitudes anticristianas.

El examen no es el fin

El examen del pecado no es un fin en sí mismo. Es el comienzo de un proceso diseñado para restaurarnos a Dios y a otros. Como se reflejó en las ilustraciones de arriba, una examinación saludable ayuda a apreciar la depravación de nuestra condición, preparándonos para el arrepentimiento y confesión y para recibir la impresionante buena noticia que el perdón es nuestro.

11: Palabras que conducen a salvación y vida

Ricardo se cruzó de brazos y soltó abruptamente las palabras a su jefe:

"Está bien, Walter. Me habré pasado al burlarme de ti frente a los muchachos, pero nosotros dos sabemos que te ganaste la reputación de dictador. Pido disculpas si te ofendí con mis pequeñas bromas, pero tu actitud gruñona y tu pésima gestión hace que sea imposible para cualquiera respetarte como jefe. Lo siento que las cosas hayan derivado por mi partida. No tienes que despedirme. ¡Renuncio!"

Ricardo podría consolarse a sí mismo porque se disculpó con Walter por su conducta inapropiada. Pero, ¿clasificaría la afirmación de Walter como una confesión de un pecador arrepentido? O ¿interpretaría su reacción más como una defensa? Palabras tales como *si* (condicional) y *pero* califican nuestras disculpas y nos preparan para echar la culpa. "Lamento que tenga que sufrir las consecuencias" comunica una actitud de auto compasión, pero se queda corto en cuanto a sincera contrición.

Las Escrituras distinguen entre dos tipos de contrición. La tristeza que proviene de Dios produce arrepentimiento para salvación, y de ésta no hay que arrepentirse, pero la tristeza que proviene del mundo produce muerte (2 Corintios 7:10 RVC). La tristeza que viene de Dios se expresa a sí misma cuando vemos nuestras ofensas por lo que realmente es: pecado contra Dios y pecado contra otras personas. La tristeza que viene del mundo se revela a sí misma cuando parecemos contritos porque hemos sido atrapados o porque tenemos que sufrir algunas consecuencias. Muchas veces está acompañada por intentos de justificar, cubrir el pecado y acusar a otros.

Arrepentimiento significa tomar consciencia y volver. En la parábola del hijo perdido que malgastó su parte de la herencia de su padre, Jesús habla acerca del arrepentimiento de este hombre: "Finalmente, recapacitó y dijo…" (Lucas 15:17 RVC). El hijo volvió al hogar para confesar, "Padre, he pecado contra el cielo y contra ti, y no soy digno ya de ser llamado tu hijo" (v. 21).

La Confesión de Augsburgo (Artículo XII) define el arrepentimiento en dos partes:

> El verdadero arrepentimiento comprende en primer lugar la contrición, es decir el dolor y terror que uno siente a causa del pecado; en segundo lugar la fe en el Evangelio y en la absolución; es decir, la certeza que los pecados nos son perdonados y que la gracia nos llega por los méritos de Jesucristo. Es esta fe la que consuela los corazones y que da paz a la conciencia. Luego de esto se debe enmendar la vida y renunciar al pecado. Ya que tales deben ser los frutos del arrepentimiento. (3-6)

El arrepentimiento que "que conduce a salvación y no deja nada pendiente" se encuentra en la confesión y la absolución. La confesión del penitente lo expone desnudo y miserable delante de Dios, abierto y sediento por absolución. La fe recibe el perdón de Dios, que cubre la desnudez del penitente, proveyendo consuelo y esperanza, y lo hace justo a la vista de Dios. En respuesta, el pecador perdonado alaba a Dios por medio de buenas obras.

Por cuanto somos concebidos y nacidos en pecado, nuestra expresión más natural de pena nos conduce a muerte. Aquello que viene naturalmente es practicado frecuentemente por toda la vida. La tristeza del mundo tiende a ser un "piloto automático."

Por eso, llega a ser necesario elegir cuidadosamente las palabras para confesar nuestros pecados como también para anunciar el perdón de Dios y nuestro perdón personal.

Palabras de Confesión

Aun cuando comenzamos a darnos cuenta de nuestro pecado, nuestras palabras practicadas de auto justificación y de culpar a otros caen instintivamente de nuestros labios. Heredamos este rasgo de nuestro padre Adán, cuya primera confesión representa la respuesta más natural del hombre. "Bueno, sí, Señor, comí alguna fruta. Pero fue la mujer que, incidentalmente me has dado, que me llevó a tropezar." Eva aprendió del ejemplo de su esposo: "¡No fue mi culpa! ¡Fue la serpiente que me engañó y me llevó a comerla!"

Cuando culpamos a otros, en realidad estamos culpándolo a Dios. Lo llamamos mentiroso. "Si decimos que no hemos pecado, lo hacemos a él mentiroso, y su palabra no está en nosotros" (1 Juan 1:10).

Además de los ejemplos de confesiones pésimas, la Biblia nos proporciona ejemplos de confesiones maravillosas, tales como la confesión de David ante Natán (2 Samuel 12:13), y los salmos penitenciales, tales como 6, 32, 38 y 51. Con ayuno, cilicio y cenizas, Daniel oró una confesión maravillosa de arrepentimiento y alabanza por la misericordia de Dios, una porción de la misma dice:

> Señor, Dios grande y digno de ser temido, que cumples tu pacto y tu misericordia con los que te aman y cumplen tus mandamientos: Hemos pecado, hemos hecho lo malo, hemos sido impíos y rebeldes; ¡nos hemos apartado de tus leyes y mandamientos! No obedecimos a tus siervos los profetas, que en tu nombre hablaron a nuestros reyes, a nuestros príncipes y a nuestros padres, y a todo el pueblo de la tierra.

> Tuya, Señor, es la justicia, y nuestra es la vergüenza, vergüenza que hoy llevan todos en Judá, todos los habitantes de Jerusalén, todo israelita, cercano y lejano, todos los que, por rebelarse contra ti, viven ahora en los países adonde los echaste. Señor, nuestra es la vergüenza, y de nuestros padres, príncipes y reyes, porque todos hemos pecado contra ti. Pero tú, Señor y Dios nuestro, eres un Dios misericordioso, que sabe perdonar, a pesar de que nos hemos rebelado contra ti…
>
> ¡Por eso nos han sobrevenido la maldición y el juramento escritos en la ley de Moisés, tu siervo, porque contra ti hemos pecado!...
>
> ¡Señor, Señor, óyenos y perdónanos! ¡Préstanos atención, Señor, y actúa! Por amor a ti mismo, Dios mío, ¡no tardes!, que tu nombre se invoca sobre tu ciudad y tu pueblo. (Daniel 9:4-19)

Ambas partes del arrepentimiento están expresadas en esta confesión. La contrición por el pecado es claramente articulada, reconociendo el pecado delante de Dios. La fe en un Dios misericordioso y perdonador queda explícita en estas palabras. La oración de Daniel nos muestra su confianza en Dios y cómo admite el pecado y busca el perdón.

Pecados específicos son identificados, aunque él no detalla una lista exhaustiva de pecados. No culpa a Dios ni a otros por el pecado. Daniel reconoce que las consecuencias son merecidas por causa de la infidelidad de Israel hacia Dios. Alabanza a Dios y sus actos poderosos llegan a ser parte de su confesión general de pecado y fe.

Ken Sande resume algunos principios bíblicos para expresar arrepentimiento en confesión en su libro *Pacificadores: Guía bíblica para la resolución de conflictos personales*. Los empaqueta en un formato fácil de recordar llamado "Los siete elementos de la confesión" (pp 149-58). Los repaso brevemente aquí para su referencia, pero lo animo a usar el libro de Sande, donde también provee preguntas para ayudarlo a construir una confesión aplicando estos principios.

1. Diríjase a todas las personas involucradas.

Muchas veces asumimos que nuestro pecado me ha afectado a mí mismo y solamente a una persona más. Esto ignora la realidad que todos los pecados contra personas son también pecados contra Dios. Es más, nuestras ofensas hieren a más gente de lo que pensamos. El pedido de atender a todos los involucrados nos recuerda que hemos de considerar cuidadosamente a otros que han sido dañados por nuestras acciones. Por ejemplo, cuando le grito a mi hijo en vez de disciplinarlo de una manera amorosa, suelo herir a mi esposa al mismo tiempo. Mi pecado ofende a Dios, a mi hijo y a mi esposa.

2. Evite usar "si", "pero" y "tal vez".

Palabras tales como *si* (condicional), *pero*, y *tal vez* no sólo debilitan una confesión, sino que intentan decir justamente lo contrario. Como borradores mágicos, estas palabras borran las palabras que las preceden de tal modo que el que habla puede culpar redireccionando la culpa hacia otra parte. "Lo siento *si* te ofendí" realmente significa "sólo lo siento si de hecho se puede probar que lo que hice te causó alguna dificultad, pero probablemente es más tu culpa que la mía." Lo que suele seguir confirma el cambio de culpable: "¡pero yo no te habría gritado si no me hubieses tratado de estúpido!" Justifico mi leve deslizamiento para apuntar hacia tu transgresión mayor. La Escritura enseña otra cosa: "Tengan cuidado de que nadie pague a otro mal por mal; más bien, procuren siempre hacer el bien, tanto entre ustedes como con los demás" (1 Tesalonicenses 5:15).

3. Reconozca concretamente.

Como en el ejemplo de la confesión de Daniel, identificar

pecados específicos comunica a la otra persona que nosotros entendemos cómo hemos pecado. "¡Es cierto! Supongo que hice un juicio exagerado" y "todo el mundo comete errores" tiende a sugerir que, o bien la persona no aprecia la seriedad de su ofensa, o está intentando de minimizar la ofensa y pretende que no ha pasado nada significativo. En cambio, es difícil no entender estas palabras: "Estuve mal. Pequé contra Dios y contra ti cuando yo..." Como con la confesión de Daniel, no se requieren todos los detalles. Sin embargo, cuando el penitente expresa pena sobre pecados específicos de motivo, palabra y acción, el que escucha puede percibir más claramente la contrición del pecador.

4. Reconozca el daño (pida disculpas)

Webster tiene dos definiciones contrarias para la palabra *apología* (disculpa): "1. Una justificación o defensa formal," o, "2. Una admisión del error o falta de cortesía acompañada de lamento." En la confesión bíblica de pecado, obviamente nos estamos refiriendo a esta segunda definición. El culpable expresa su pena a través de su pedido de disculpa, "Lo siento por..." Ya sea que la confesión es oída como una defensa o como una admisión de culpa está relacionada directamente con la expresión de tristeza mundana (justificación o defensa) o tristeza piadosa (admisión de pecado).

5. Acepte las consecuencias.

Aunque el creyente confía en que las consecuencias de separación eterna de Dios han sido quitadas por medio del perdón, también es consciente que consecuencias terrenales podrían continuar. Cuando uno reconoce que estas consecuencias son merecidas y que está dispuesto a llevarlas, entonces el arrepentimiento es obvio. Como cuando el hijo perdido volvió al hogar a su padre, declaró, "Padre, he pecado contra el cielo y contra ti, y no soy digno ya de ser llamado tu hijo" (Lucas 15:21). Estas palabras no eran una táctica para ganar más simpatía, sino que fueron la expresión de un corazón quebrantado y contrito.

6. Cambie su comportamiento.

El otorgamiento de perdón no espera por un cambio de comportamiento. Sin embargo, una persona que promete corregir sus actitudes pecaminosas asume su responsabilidad por transgresiones pasadas y para cambiar el comportamiento futuro. Al confesar adulterio a su esposa, un hombre hizo varias promesas de cambiar, tales como llamarla dos veces por día cuando viaja por negocios fuera de la ciudad para así rendirle cuentas de manera continua. Escribió su promesa para ella, que comunicaba una sincera admisión de su culpa y un deseo de cambiar. Sus promesas de cambiar ayudaron a que su confesión sea creíble, lo cual eventualmente condujo a la reconciliación.

7. Pida perdón

Pedir perdón requiere humildad. El mismo pedido es en sí una admisión del pecado. El perdón es el remedio de Dios. De parte de Dios, el perdón está otorgado de manera instantánea, pero de parte de la gente, suele requerir tiempo. Por lo tanto, el corazón arrepentido pide humildemente por aquello que no merece, y espera por la ayuda del Señor a liberar a la otra persona del peligro de la amargura y de no perdonar. Cuando alguien exige perdón o lo espera de parte del perjudicado, pierde credibilidad en su contrición.

Los "siete elementos de la confesión" han ayudado a miles de personas a expresar palabras de confesión que no dejan pesar. Sin embargo, como con muchos dones de Dios, podemos manipular estos principios para alcanzar motivos ulteriores. Usando estas guías como una fórmula de éxito con el propósito de sacarse a alguien de encima, falla en servir bien a alguien. Además, el abuso de una misma frase puede llegar a ser un rito casual que llega a ser tan insignificante como una disculpa simbólica.

Palabras de perdón

Lutero nos recuerda que la confesión consta de dos partes: en primer lugar, confesamos nuestros pecados, y segundo, recibimos absolución, es decir perdón de pecados. El Salmo 32 refleja ambas partes de la confesión: “Me dije: ‘Confesaré al Señor mi rebeldía’, y tú perdonaste la maldad de mi pecado” (Salmo 32:5). El caso personal de David donde se observan las dos partes de la confesión está registrado en 2 Samuel 12: “David le respondió a Natán: ‘Reconozco que he pecado contra el Señor’. Y Natán le dijo: ‘El Señor ha perdonado tu pecado, y no vas a morir’” (v. 13).

Para un pecador confesar sus pecados y no escuchar la certeza del perdón de Dios es dejarlo en un estado desesperante y sin esperanza. Ninguna otra palabra puede confortar a la consciencia culpable. Ningún otro consejo puede dar poder al penitente para corregir su vida pecaminosa. Ninguna otra respuesta conduce a salvación y vida.

Cuando un creyente arrepentido confiesa a solas, debe consolarse a sí mismo por medio de la Escritura y la fe que sus pecados son perdonados por Dios. Cuando otro creyente escucha la admisión de pecado de un hermano, ese creyente cumple su vocación de embajador de la reconciliación cuando declara que Dios ha perdonado los pecados de su hermano por causa de Jesucristo. Cuando el pastor escucha la confesión de un miembro, comunica el perdón de Dios por causa de la sangre y la justicia de Cristo.

Solamente un oidor de confesión puede determinar con certeza si el penitente está realmente arrepentido. Sólo Dios ve el interior del corazón de una persona. El resto de nosotros tenemos debemos cuidar de no retener el anuncio del perdón de Dios cuando un pecador se arrepiente y confiesa. Su confesión podrá ser pobre. Podrá tener huecos. Le podrá faltar convicción. Pero, ¿quién de nosotros pecadores puede declarar honestamente que nuestro arrepentimiento y confesión es completo y perfecto delante de Dios? Por eso, la buena noticia en Jesucristo tiene que ser proclamada a alguien que confiesa.

Considerando que el evangelio mismo produce arrepentimiento, animamos a un penitente en lucha al recordarle acerca de la gracia de Dios en Cristo. Pablo escribe: "¿No te das cuenta de que menosprecias la benignidad, la tolerancia y la paciencia de Dios, y que ignoras que su benignidad busca llevarte al arrepentimiento?" (Romanos 2:4 RVC). Compartir la buena noticia acerca de nuestro Salvador nos da poder para vivir la vida cristiana, incluyendo el arrepentimiento y la confesión.

Los cristianos a veces pasan por alto la oportunidad de proclamar el perdón de Dios o encuentran difícil seguir adelante por causa de su disgusto por el acto vergonzoso de su hermano. Pero el desafío más significativo es anunciar perdón personal a la persona que nos ha dañado.

Tal como nuestra naturaleza humana nos impulsa a escabullirnos para no admitir nuestro pecado en confesión, el mismo viejo Adán nos impulsa a ejercer el rol de un "dios" enojado y sin misericordia cuando debiéramos perdonar. A diferencia del Señor, que "es misericordioso y clemente; es lento para la ira, y grande en misericordia" (Salmo 103:8 RVC), nosotros nos indignamos y nos volvemos ásperos, encendemos nuestra ira y guardamos rencor y fomentamos el odio en nuestro corazón y cometemos asesinato (1 Juan 3:15). Castigamos al ofensor al retenerle misericordia. O demandamos garantías como una condición para nuestro perdón. A veces torturamos a nuestro agresor al traer a la cuenta transgresiones pasadas que nosotros le hemos perdonado tan "misericordiosamente". Sin darnos cuenta de lo que hacemos, nos transformamos en dioses que juzgan y condenan que nos recuerdan a los falsos dioses idolatrados en otras religiones, en vez de imitar al Dios verdadero, que nos perdona libremente.

En una sesión de aconsejamiento, un hombre se quejó ante su pastor, "Cada vez que mi esposa y yo peleamos, ella se vuelve histórica." Su pastor lo corrigió, "¿No querrás decir *histérica*?" "No, quiero decir *histórica*. ¡Ella trae todas las cosas del pasado y me las echa en cara!"

Dónde estaríamos usted y yo si cada vez que confesamos nuestros pecados delante de Dios, el nos detuviera para decirnos, "un momento, amigo. Repasemos los registros, comenzando desde el año en que naciste..." ¡Dios por cierto no nos trata así!

A veces nosotros declaramos: "¡No te perdono a no ser que lo olvide!" ¿Qué tal si Dios nos diría que no puede perdonarnos hasta que lo olvide? ¡Eso simplemente no funcionaría! Cuando Dios promete, "Y yo perdonaré su maldad, y no volveré a acordarme de su pecado" (Jeremías 31:34), ¡no es porque se está volviendo viejito y sufre demencia! Dios *elije* no recordar. Hace una decisión de perdonar.

Luego está aquel pastor que se quejó conmigo acerca de su congregación anterior, de la cual renunció recientemente. "Yo los he perdonado. Simplemente no quiero tener más nada que ver con ellos. ¡Nunca más voy a poner un pie en ese maldito edificio!" Imagine nuestra situación si Dios afirmara, "Te perdono, pero nunca más quiero saber más nada contigo. ¡Ve en paz, pero no vuelvas nunca!"

Así que, algunos pensamientos acerca de perdonar a otros serán apropiados.

Para ayudarnos a perdonar como Dios nos perdona (Colosenses 3:13), Sande repasa cuatro promesas del perdón de Dios (*Pacificadores: Guía bíblica para la resolución de conflictos personales,* p. 255). Cuando perdonamos, glorificamos a Dios y consolamos a nuestro hermano al repetir estas mismas promesas. Además evitamos algunas de las tentaciones que nos alejan del perdón bíblico.

- No me detendré en este incidente.
- No volveré a mencionar este incidente para usarlo contra ti.
- No hablaré a otros acerca de este incidente.
- No dejaré que este incidente se interponga entre nosotros o entorpezca nuestra relación personal.

Este pacto de amor imita la manera en que Dios nos perdona. Los embajadores de reconciliación representan bien a su Dios cuando entregan correctamente el mensaje que les fue asignado.

Sabemos que se nos manda perdonar como Dios nos perdonó a nosotros, pero a veces esto parece imposible. Nuestra renuencia para perdonar a otros está enraizada en nuestra incapacidad para captar la plenitud del nuestro perdón recibido en Cristo. Pedro también luchó con esto cuando preguntó a Jesús, "Señor, si mi hermano peca contra mí, ¿cuántas veces debo perdonarlo? ¿Hasta siete veces?" (Mateo 18:21 RVC). Pedro estaba confiado en que su sugerencia reflejaba una actitud muy generosa.

La respuesta de Jesús "No te digo que hasta siete veces, sino hasta setenta veces siete" (v 22) debe haber sorprendido a Pedro, por cuanto esto sugería que no hay límite en el número de veces que debemos perdonar. Entonces Jesús contó la parábola del siervo que no quiso perdonar, por cuanto la propuesta de Pedro exponía su falta de fe en la expansión del perdón de Dios para él (Mateo 18:21-35). Mientras que Pedro intentó demostrar su generosidad en perdonar a otros, la historia de Jesús derivó su mirada hacia la gracia incalculable de Dios por él.

Hoy día también nosotros luchamos con esto de otorgar perdón. Pero somos educados a partir de la pregunta de Pedro, así hemos diseñado la nuestra.

¿*Cuándo* debo perdonar?

Una vez más, el enfoque parece estar sobre nuestra benevolencia en perdonar. Nuestra pregunta asume que eventualmente vamos a perdonar, pero también infiere que podríamos no perdonar por un tiempo indeterminado. Volvamos nuestra mirada primero hacia aquel que garantiza nuestro perdón. Permítame reformular la pregunta.

¿Cuándo Dios lo perdonó a usted?

Cuando confesé. Cuando recibo su cuerpo y sangre en el sacramento. Cuando fui bautizado. *¿Algo antes?* Oh, sí-en el Calvario Jesús dice, "Padre, perdónalos" (Lucas 23:34 y "consumado es" (Juan 19:30). Y el pacto de Dios fue repetido a través del Antiguo Testamento, incluso volviendo hasta al huerto de Edén. De hecho, ¿acaso Dios no diseñó nuestro plan de salvación antes de la fundación del mundo? Pablo escribió a Roma:

> Porque a su debido tiempo, cuando aún éramos débiles, Cristo murió por los pecadores. Es difícil que alguien muera por un justo, aunque tal vez haya quien se atreva a morir por una persona buena. Pero Dios muestra su amor por nosotros en que, cuando aún éramos pecadores, Cristo murió por nosotros.... Porque, si cuando éramos enemigos de Dios fuimos reconciliados con él mediante la muerte de su Hijo, mucho más ahora, que estamos reconciliados, seremos salvados por su vida (Romanos 5:6-10 RVC).

Cuando todavía éramos pecadores, aun cuando éramos enemigos de Dios, Cristo murió por nosotros. Observe que nuestra redención ocurrió antes de nuestro nacimiento, antes de que creyéramos en Dios, y antes de que nos arrepintiéramos y confesáramos cualquier pecado. El perdón de Dios para nosotros se concretó mucho antes de nuestra existencia.

Sin embargo, si creemos que Jesús murió por los pecados de

todo el mundo, como Cristo mismo declara en Juan 3:16, y si los pecadores fueron perdonados antes de que se arrepientan o incluso antes de que nazcan, como hemos considerado arriba, entonces, ¿por qué no va todo el mundo al cielo? "¡Eso es obvio!" pensará usted. "Es porque no todos creen que Jesús murió por sus pecados."

En esto reside un aspecto significativo acerca de perdón que clarifica un malentendido común en cuanto este maravilloso don. La concesión del perdón no depende del arrepentimiento, pero la recepción del perdón depende del arrepentimiento y la fe.

El perdón de Dios está disponible para todo aquel que cree el mensaje "arrepiéntanse y crean el evangelio." Porque en nuestro conocimiento del pecado, confesamos nuestra necesidad de un Salvador y de recibir el perdón que es libremente otorgado. Aquellos que no quieren arrepentirse parecen pensar que no necesitan al Salvador. Aquellos que no creen que Jesús pagó toda la penalidad por sus pecados pasan la eternidad en el infierno, separados de Dios.

Dios otorga perdón libremente, sin condiciones, por eso nunca podemos merecer aquello que está más allá de nuestro alcance. En su misericordia Dios nos trae al arrepentimiento y a la fe cuando lo encontramos en su Palabra y Sacramentos, y así recibimos el don del perdón. Aquellos que creen que Jesús pagó toda la pena por los pecados de ellos, pasan la eternidad en el cielo en comunión con Dios.

Ahora volvamos a la pregunta inicial. ¿Cuándo debo perdonar? Si hemos de perdonar a otros como Dios nos perdona en Cristo, entonces los hijos de Dios perdonan a otros inmediatamente, antes que confiesen, antes de que se arrepientan. De hecho, para reflejar el perdón de Dios hacia nosotros, un cristiano debe perdonar a otros incluso antes de que hayan pecado contra él. *¡Eso es imposible, eso requeriría* *un acto de Dios!* Sí, por cierto, así es. El perdón es un milagro de Dios.

No podemos perdonar a otros como Dios nos perdona por nuestras propias fuerzas. ¡Somos pecadores! ¿Qué derecho inherente tenemos para juzgar, perdonar o retener el perdón de otros pecadores? José, cuyos hermanos lo vendieron como esclavo para ser arrastrado a una tierra extranjera, sufrió muchas injusticias como resultado directo de los actos malvados de sus hermanos. Muchos años más tarde, cuando José tenía poder y se encontró otra vez con sus hermanos, él tenía la posición y el derecho humano, para ejecutar justicia y demandar retribución. Pero sirvió como un fiel embajador de reconciliación, proclamando los maravillosos actos de Dios cuando perdonó a sus hermanos. Creyó que retener el perdón iba más allá de su autoridad: "¿Estoy yo en lugar de Dios?" (Génesis 50:19).

Considerando que todos somos pecadores, no tenemos derecho por nosotros mismos de perdonar o retener el perdón. Solamente podemos compartir aquello que nos ha sido dado. Por eso, Pablo declara que aquellos que han sido reconciliados con Dios son llamados a compartir esa misma reconciliación con otros.

> Y todo esto proviene de Dios, quien nos reconcilió consigo mismo a través de Cristo y nos dio el ministerio de la reconciliación. Esto quiere decir que, en Cristo, Dios estaba reconciliando al mundo consigo mismo, sin tomarles en cuenta sus pecados, y que a nosotros nos encargó el mensaje de la reconciliación. Así que somos embajadores en nombre de Cristo, y como si Dios les rogara a ustedes por medio de nosotros, en nombre de Cristo les rogamos: Reconcíliense con Dios. (2 Corintios 5:18-20 RVC)

Jesús enseñó a sus discípulos a orar, "Perdónanos nuestras

deudas, así como nosotros perdonamos a nuestros deudores" (Mateo 6:12). Jesús advirtió contra aquellos que rehusaban perdonar a otros. "Si ustedes perdonan a los otros sus ofensas, también su Padre celestial los perdonará a ustedes. Pero si ustedes no perdonan a los otros sus ofensas, tampoco el Padre de ustedes les perdonará sus ofensas" (Mateo 6:14-15 RVC). Eso no quiere decir que nuestro perdón dependa de nuestro acto benevolente de perdonar a otros, pues eso significaría que nosotros debemos cumplir con ciertas obligaciones para ganar nuestra salvación. Sino que esto significa que aquellos que rehúsan perdonar a otros actúan en esencia como si no creyeran en su propio perdón de parte de Dios. Aquellos que comienzan a apreciar la inmensidad del don de Dios hacia ellos no pueden retener su perdón personal hacia otros. Jesús ilustra este punto en su parábola acerca del siervo que no quiso perdonar (Mateo 18:21-35). Nuestro Salvador describe a un hombre cuya gran deuda es perdonada por su patrón, pero él no muestra misericordia hacia su consiervo quien le debe una deuda comparativamente pequeña. El hombre que rehusó perdonar a su compañero termina perdiendo la misericordia que le había sido otorgada por parte su patrón. Jesús concluye diciendo, "Así también mi Padre celestial hará con ustedes, si no perdonan de todo corazón a sus hermanos" (Mateo 18:35 RVC).

Cuando nos cuesta trabajo perdonar a otros, Pablo nos exhorta, "Así que somos embajadores en nombre de Cristo, y como si Dios les rogara a ustedes por medio de nosotros, en nombre de Cristo les rogamos: Reconcíliense con Dios. Al que no cometió ningún pecado, por nosotros Dios lo hizo pecado, para que en él nosotros fuéramos hechos justicia de Dios (2 Corintios 5:20-21 RVC). Una vez más somos redireccionados hacia la cruz para admitir nuestra falta de fe, para confesar nuestro deseo de ponernos a nosotros mismos en lugar de Dios, y para buscar fortaleza para hacer lo que no podemos hacer por nosotros mismos. Los apóstoles conectaron el perdonar a otros con su propia fe cuando reaccionaron a la instrucción de Jesús de perdonar muchas veces a otros: "Auméntanos la fe" (Lucas 17:4).

Jesús, que soportó el sufrimiento y las injusticias causadas por nuestros pecados, nos perdona nuestros pecados, sana nuestras dolencias, y nos da poder divino para perdonar. San Pedro nos asegura, "Todas las cosas que pertenecen a la vida y a la piedad nos han sido dadas por su divino poder, mediante el conocimiento de aquel que nos llamó por su gloria y excelencia" (2 Pedro 1:3 RVC). Sin embargo, cuando nos encontramos débiles en exhibir los frutos del Espíritu, Pedro explica, "Quien no tiene todo esto es corto de vista, o ciego, y ha olvidado que sus antiguos pecados fueron limpiados" (v 9).

Cuando los embajadores de Cristo ofrecen perdón personal reconocen que Dios es el autor y el que en última instancia otorga el perdón. "Te perdono, Beatriz, porque Dios me ha perdonado por causa de Cristo." Conectamos nuestro perdón personal al de Dios, dándole a él el mérito por el ministerio de la reconciliación. Perdonamos a otros porque Dios ha perdonado. Perdonamos a otros como Dios nos ha perdonado a nosotros. Perdonamos a otros que no merecen perdón al igual que Dios nos perdona sin que lo merezcamos. Intentos de perdonar a otros basados por nuestra propia volición y por causa de nosotros mismos nos tienta a ponernos como dioses para servir a nuestros propios intereses egoístas y juzgar a otros en cuanto a su dignidad de nuestra consideración.

"Sin embargo," usted podría protestar, "¿Qué hacemos con aquel sinvergüenza que no quiere arrepentirse? ¿No esperas que lo perdone, verdad?" Una vez más miramos hacia nuestro Dios por dirección. ¿Ha proveído él perdón para ese sinvergüenza? Jesús murió por todos los pecadores. ¿No somos usted y yo de a ratos el mismo tipo de sinvergüenza no arrepentido? El perdón es ofrecido, sea que nos arrepintamos o no. Sin embargo, no recibimos el beneficio de ese perdón hasta que nos arrepentimos y creemos en aquel que lo otorga.

Ahora el motivo redentor para confrontar queda claro. El propósito para confrontar al pecador impenitente no es para esperar y ver si llega a ser lo suficientemente contrito para merecer perdón. El perdón ya está dado, y no puede ser merecido. El propósito para mostrarle a una persona su error es ayudarlo a prepararse para el perdón que ya está disponible. No puede recibir el beneficio del perdón a no ser que se arrepienta y crea el mensaje. Esto es cierto para el perdón de Dios como también para el perdón personal. Aquellos que se convencen a sí mismos que no han pecado no se beneficiarán del perdón. Aquellos que rechazan la buena noticia que Jesús pagó por sus pecados sufrirán muerte eterna.

Por lo tanto, aunque nosotros tomemos la decisión de perdonar, puede ser necesario que antes preparemos al ofensor para recibir el don. Podríamos esperar para anunciar el perdón, que no es lo mismo que decidir no perdonar, hasta el arrepentimiento. De otra manera, el don podría ser rehuido, y el pecador permanece en su propia condición en la que se condena a sí mismo. No es el individuo que busca perdonar al pecador que condena al no arrepentido, sino que es el mismo corazón no arrepentido que trae juicio sobre sí mismo. Cuando Jesús instruye a la iglesia a tratar a la persona no arrepentida como un no creyente, el propósito de esta disciplina es restaurar al pecador y advertir a otros que podrían caer en pecados similares. Este acto de retener pecados no es para justificar la raíz de amargura y la negación del perdón, sino para salvar al perdido, para proteger a otros en la iglesia, y testificar hacia el mundo lo que Dios manda y promete para nosotros. Aquellos que demuestran impenitencia manifiesta niegan su necesidad de un Salvador, proclamándose a sí mismos como justos basados en sus propios méritos, y por lo tanto rechazan la obra expiatoria de Cristo. Tales personas no pertenecen al reino de Dios.

Así como una persona enferma rechaza el tratamiento a no ser que reconozca que lo necesita, así un pecador no arrepentido rechaza el perdón porque se convence a sí mismo que está sin culpa. Como Walther nos aconseja, la ley tiene que ser predicada al impenitente. Y sin embargo, el mensaje de la plena verdad de Dios está listo para administrar el evangelio sobre el arrepentimiento.

Aun así, a veces tenemos que perdonar a alguien que rehúsa arrepentirse y recibir perdón que nosotros sinceramente tratamos de otorgar. Cuán doloroso es para nosotros, que se peque contra nosotros pero no podamos conectarnos y reconciliarnos con la persona que nos ha ofendido. En un sentido estrecho, podemos identificarnos con Jesús, que oró por aquellos que lo estaban crucificando, diciendo, "Padre, perdónalos porque no saben lo que hacen" (Lucas 23:34). La realidad de vivir en un mundo pecaminoso a veces hace que esto sea necesario. Con la gracia de Dios podemos revestirnos de Cristo, y perdonar sinceramente desde nuestro corazón a alguien que nos ha hecho daño y que ahora no quiere saber nada con nosotros. Por lo menos de esta manera podemos llevar el episodio a una conclusión y seguir adelante, y al hacer así prevenir que brote una raíz de amargura en nuestro corazón.

Al prepararnos para confrontar el pecado de otra persona, entonces, primero tenemos que haber tomado la decisión de perdonar a esa persona en nuestro corazón. Cuando el pecador se arrepiente, lo consolamos y le traemos sanación por medio de la buena noticia que la justicia de Cristo cubre ese pecado. Por cuanto el perdón es nuestra posesión en común bajo la cruz. Ya que Dios es el que hace esto por nosotros, no podemos hacer otra cosa como sus embajadores. Palabras de confesión y perdón conducen a salvación y vida.

12: Profesando fe en confesión y absolución privada

Los conflictos en un mundo contaminado por el pecado son inevitables. Todos los días en que respiramos, luchamos con dos naturalezas: la naturaleza pecadora heredada de Adán y la nueva creación creada en Cristo. En confesión y perdón, los cristianos vivimos la buena noticia y compartimos el evangelio con otros.

Jesús comisionó a su iglesia a proclamar el ministerio de la reconciliación: "Reconcíliense con Dios. Arrepiéntanse y crean en el evangelio." Los Artículos de Esmalcalda explican la manera en que Dios aplica el evangelio a los pecadores:

> "... pues Dios es superabundante en dar su gracia. Primero, por la palabra oral, en la cual es predicada la remisión de los pecados en todo el mundo, lo cual constituye el oficio propio del evangelio. ¿En segundo término, mediante el bautismo. En tercer lugar, por medio del santo sacramento del altar. En cuarto, por medio del poder de las llaves y también por medio de la conversación y consolación mutua entre los hermanos..." (AE, 3ra parte, IV [LC, 321]).

Confesar pecados es una profesión de nuestra fe en Cristo, con lo cual damos testimonio de nuestra confianza en el perdón de Dios. Perdonar el pecado de otros es el propósito por el cual Cristo nos envió al mundo. Confesión y perdón son ejercicios diarios de fe para los embajadores de Cristo.

Las oportunidades son infinitas. Frecuentemente las

pasamos por alto porque no estamos acostumbrados a reconocerlas o ejercitarlas. Por lo tanto, ilustraciones de diversas situaciones de reconciliación van a abrir nuestra mente a nuevas posibilidades.

Confesión y perdón mutuo

Cuando dos cristianos se hallan inmersos en un conflicto, invariablemente pecan el uno contra el otro. La confesión y perdón mutuo los moverán hacia la resolución de sus diferencias y a celebrar su fe en Cristo que comparten en común.

Kurt tomó prestado millones de dólares de Collen para adquirir y desarrollar una comunidad exclusiva de bienes raíces. Demoras inesperadas impidieron a Kurt vender lotes según lo había planificado, de ese modo era incapaz de hacer su primera pago anual. Kurt y Collen negociaron un intercambio de partes de la propiedad, que incluía una casa lujosa, en lugar del primer pago. Sin embargo, cuando Kurt no cumplió con su segundo pago anual, Collen presentó una acción de ejecución hipotecaria contra Kurt. Las dos partes direccionaron toda conversación a través de sus respectivos abogados, y amargura y resentimiento surgió entre hermanos cristianos. Con algún estímulo de parte de los líderes de sus respectivas iglesias, acordaron en someter su disputa a la mediación cristiana.

Después de dos días de reuniones y horas de exposición de heridas y acusaciones, la Palabra de Dios los movió a cada uno a sacar primero la viga de su propio ojo. Collins confesó su enojo, amargura e intentos de hablar directamente con Kurt. Kurt expresó su pena por no haber guardado sus compromisos, por haber tomado riesgos inconscientes sin tomar en cuenta plenamente su debilidad financiera, y de culpar a Collens por sus errores. Ambos se extendieron el perdón el uno al otro, y concordaron en hacer un asentamiento que atendería los intereses de ambos. Confesión y perdón entre dos hombres de negocios cristianos preparó el camino para una resolución razonable.

Quizá una de las relaciones más difíciles para encontrar sanidad a través del perdón mutuo es entre líderes de la iglesia. Los pastores Jamison y O'Brien comenzaron a ser amigos desde que fueron compañeros de pieza durante sus estudios. Años más tarde el pastor Jamison convenció a su congregación de llamar a O'Brien como ministro de música. La congregación floreció en los primeros años con el trabajo en equipo de ambos, pero con el paso del tiempo disentimientos no resueltos llevaron a una frustración creciente. Durante el ensayo del equipo de música antes del servicio de pascua, los pastores O'Brien y Jamison intercambiaron palabras duras ante 35 testigos. Una semana después de pascua O'Brien renunció. La asistencia al culto disminuyó porque hubo miembros que tomaron partido por el renunciante.

Al principio O'Brien rechazó reunirse con Jamison y los reconciliadores. Había aceptado un nuevo llamado a 90 millas (145 km) de distancia y siempre ponÍa excusas para evitar reunirse. Jamison culpó a O'Brien por no querer reunirse, pero él también se enfrascó en su trabajo y descuidaba dar respuesta a los llamados del reconciliador. Finalmente el reconciliador convenció a ambos a reunirse.

En la mediación, heridas profundas y asuntos no resueltos de larga data fueron abiertamente discutidos por primera vez en la relación entre ambos. Como ministros ordenados, ambos creían que estaban pasando por alto ofensas menores pero, en realidad, habían caído en la negación. Los líderes cristianos muchas veces se convencen a sí mismos que han pasado por alto las ofensas (vea Proverbios 19:11). Pero cuando descuidamos el perdonar, sentimientos amargos crecen en odio que se expone a sí mismo en palabras y acciones hirientes. Siguiendo el aconsejamiento de sus reconciliadores, los pastores Jamison y O'Brien reconocieron sus pecados uno contra el otro y los confesaron. La sala quedó en silencio cuando sus defensas terminaron. Dos hombres entrenados que en la práctica absolvían a otros se habían olvidado de perdonarse el uno al otro. Finalmente intervino el reconciliador, anunciando el perdón de Dios para ellos animándolos a perdonarse el uno al otro como Dios los ha perdonado a ellos. Después de concederse mutuo perdón, sus rostros se relajaron y su amistad fue renovada. El anuncio conjunto de su reconciliación a la congregación llegó a ser su sermón más efectivo sobre perdón.

Al escuchar la mutua confesión, los embajadores de reconciliación reciben el privilegio y el gozo de presenciar la mutua declaración del perdón de Dios en Cristo.

¿Qué pasa si la otra persona no perdona?

No toda confesión de un creyente arrepentido es correspondida con perdón o mutua confesión. De todos modos, un creyente aún puede mantenerse fiel a la Palabra de Dios y testificar su fe en Jesús.

Tamara derramó lágrimas cuando admitió su culpa por aprovecharse de la finca de su abuela para sus gastos personales al servir como tutora. Emilia, la nueva tutora para su abuela, etiquetó la acción de Tamara como reprensible. Ya que su abuela sufría de Alzheimer, era incapaz de responder a la confesión de Tamara y mucho menos comprender los efectos de la cuenta bancaria dada de baja.

Tamara estaba de acuerdo en hacer restitución, a pesar de que tenía un bajo ingreso mensual y sufría ella misma de un cáncer inoperable. Su confesión demostraba contribución, prometió hacer sacrificios personales para reparar su error.

A pesar de eso, el enojo personal de Emilia ardía contra ella. Emilia no podía perdonar a Tamara por aprovecharse de su abuela, ya que no era su derecho. Pero Emilia asumió un nuevo rol, el de jueza. Condenó a su prima, buscando caminos para vincularla con las pérdidas de su abuela.

Tamara se dio cuenta que su defalco también hirió a Emilia. Sin hacer ninguna excusa por su pecado o pedir ser liberada de las consecuencias, rogó por el perdón personal de Emilia. Emilia no la perdonó. Con una actitud condescendiente, Emilia citó más citas bíblicas para castigar a su prima. Tamara debilitada por el reciente tratamiento de quimioterapia, colapsó a causa de su agotamiento. Emilia sacudió su cabeza, denunciando que la condición física de su prima era una simple manera de ganar simpatía no merecida.

Tamara nunca pudo disfrutar oír palabras de perdón de parte de su prima. Sin embargo, su pastor continuó asegurándole el amor y el perdón de Cristo, y el testimonio de su fe en aquella reconciliación se evidenció por sí misma a través de los meses subsiguientes de su vida. Después de la muerte tanto de Tamara como de su abuela, Emilia aún sufría la amargura que cultivada contra su prima.

Confesión privada a un hermano creyente

Confesar los pecados de uno a otro creyente puede parecer terrible. Después de todo, ¿quién quiere admitir sus propios errores delante de otro creyente? ¿Será que me despreciarán por mi fe débil? Y ahora, muchos de nosotros nos convencemos a nosotros mismos que podemos confesar privadamente nuestros pecados delante de Dios con más facilidad que delante de un hermano.

Bonhoeffer confronta esta actitud:

> ¿Por qué es que muchas veces es más fácil para nosotros confesar nuestros pecados a Dios que a un hermano? Dios es santo y sin pecado. Él es el justo juez del mal y el enemigo de toda desobediencia. Pero un hermano es pecador como nosotros. Sabe por su propia experiencia la oscura noche de los pecados secretos. ¿Por qué es que

> no consideramos más fácil ir a un hermano que al Dios santo? Tenemos que preguntarnos a nosotros mismos si muchas veces no hemos estado engañándonos a nosotros mismos con nuestra confesión de pecados a Dios, si antes bien no hemos estado confesando nuestros pecados a nosotros mismos y otorgándonos a nosotros mismos absolución. ¿No será esta quizá la razón por nuestras innumerables recaídas y la debilidad de nuestra obediencia cristiana a ser encontrada precisamente en el hecho que estamos viviendo en auto justicia y no en verdadero perdón? (p. 116).

Temor al hombre es idolatría contrastado con la adoración al verdadero Dios en Proverbios 29:25 "El temor del hombre pondrá lazo; mas el que confía en Jehová será exaltado." Cuando nos espantamos de confesar nuestros pecados a un hermano cristiano, revelamos nuestro temor al hombre y falta de confianza en Dios. Confesar privadamente a un hermano creyente nos humilla y prueba nuestro temor, amor y confianza en Dios, quien provee perdón tanto para el que confiesa como para aquel que escucha.

Gran gozo y consuelo fluyen de las palabras de absolución dadas por un hermano cristiano. Del mismo modo, los cristianos que comparten el perdón de Dios con un hermano creyente también se regocijan.

La gente me pregunta si no me canso de trabajar con partes en conflicto y lucha. Particularmente no disfruto del conflicto, y no disfruto tratar con las disputas agrias de otras personas. Sin embargo, la mayor satisfacción que he recibido por ser un hacedor de paz, es compartir la buena noticia de Jesús a aquellos que confiesan sus pecados. Ningún acto en el universo es tan glorioso como el perdón de Dios. Ningún otro antídoto trae tal completa sanación y paz. El mensaje del evangelio que muchas veces damos por sentado produce milagros de porciones increíbles. Y como un embajador de la paz de Cristo, tengo el privilegio de observar la obra de Dios en mi corazón y en el de otras personas.

Al principio no me sentía muy confortable con mi trabajo. Después de mis presentaciones sobre pacificación, individuos atormentados por sus pecados me buscaban durante los recreos y largas charlas nocturnas. Al describir sus conflictos, daban a conocer sus actitudes y conductas pecaminosas, y pedían consejo. Instintivamente sabía que esta gente necesitaba perdón, pero dudaba en darles una absolución. Asumía que ésta era una responsabilidad exclusiva de sus pastores y de aquellos contra los cuales habían pecado. Razonaba que como creyentes ellos ya conocían acerca del amor de Jesús por ellos. Me he lamentado por las veces en las que fallé en impartir consuelo que solamente el evangelio de Dios trae a la gente en necesidad de la gracia de Dios.

Eventualmente reconocí lo que era necesario. Después de hablar en una conferencia pastoral, varios pastores me buscaron para confesar sus pecados, y les hice algunas preguntas.

"¿No hay otra persona con la que debieras compartir esto? ¿Por qué no con tu consejero de circuito o supervisor eclesiástico?"

"¿Estás bromeando? Si él conociera mis pecados, ¡me podría destituir del ministerio!"

"¿No existe algún pastor vecino con el cual puedas hablar?"

"Bueno, intenté esto una vez (o dos o tres veces). Pero en tal caso o recibí una puñalada en la espalda o un reto por no vivir una vida santificada de un pastor."

Después de algunas preguntas más me di cuenta que estaba buscando excusas para no declarar las nuevas de Dios a gente que buscaba mi consejo. Aunque pudo haber sido cierto que había otras personas en sus vidas que podían servir como sus confesores personales, yo era la persona que estaba oyendo sus confesiones en ese momento. Personalmente experimenté el gozo inexpresable que uno recibe al escuchar del perdón de Dios, y aprendí a compartirlo con otros que buscan alivio de sus culpas profundamente sentidas. ¡Qué privilegio especial servir como un embajador del mensaje de reconciliación de Dios!

Recientemente un pastor mayor se acercó a mí después de mi presentación y me pidió una conversación en privado. Lo reconocía como alguien que era altamente estimado entre sus pares. Pensé que seguramente querría darme algunos consejos paternales acerca de mis enseñanzas. En vez de eso, comenzó a hablar acerca de un pecado secreto que lo atormentaba por décadas. Una vez más, Dios me proveyó de una oportunidad de hablar a alguien acerca de su amor por medio de Jesús.

"Mi hermano en Cristo, tengo muy buenas noticias para usted. Jesús murió por sus pecados, incluyente este pecado en particular que lo atormenta. Recuerda que él derramó su sangre en el Calvario y resucitó nuevamente para que usted, también, pueda compartir su victoria y vivir eternamente en el cielo. Su Dios ahora lo ve como justo por causa de su Hijo. Su Padre celestial le dice, 'Te amo. Te perdono. Eres mi hijo preciado.' Vaya en paz, pues Dios ha quitado su pecado."

Muchas veces comparto lágrimas de gozo con hermanos cristianos cuando escuchan estas palabras familiares. Verdad, estas palabras no suenan desconocidas, pero son preciosas cuando son dadas a alguien en privado y personalmente.

Cuando un amigo pecador lo busca para descargar sus cargas de culpa, simpatiza y escucha a esa persona, y ora con ella, no sea negligente en ser un agente de reconciliación. Proclame el perdón de Dios por causa de Cristo. Si está inseguro sobre qué palabras usar, sugiero que vaya directamente a la Escritura. Memorize su cita preferida acerca de la gracia de Dios, o marque varios pasajes que hablen del perdón de Dios. Para ayudarle a comenzar su propia lista, he identificado algunos pasajes bíblicos en el Apéndice C, "Palabras de absolución de la Escritura." Cuando he asignado a participantes de mis conferencias a compartir estas palabras unos con otros, la gente expresar su gratitud por el gozo que eellas traen, aun cuando son pasajes familiares. Aplíquelos primero a si mismo. Luego comparta la buena noticia de Dios con otros. Descubra la bendición de su vocación como mensajero especial de Cristo.

Confesión y absolución individual con el pastor

Totalmente confiado en su pecado, David vivía como si nada estaba mal. Se engañaba a sí mismo y pensaba que engañaba a otros. Pero los que lo rodeaban sabían que estaba viviendo una mentira. Su pastor vino a visitarlo en su casa. David no estaba para nada alarmado cuando su pastor comenzó a compartir una historia acerca de otro hombre que había cometido un pecado horrible. "¡Eso es terrible!" Exclamó David. "Ese hombre debe morir por lo que hizo. Cuéntame, ¿quién es?" Fue entonces que le pastor Natán confrontó al rey, "David, tu eres aquel hombre." David confesó su pecado en privado a su pastor, quien le dio la buena noticia: "El Señor ha quitado tu pecado."

En 1 Samuel 12 tenemos un ejemplo maravilloso de confesión individual y absolución entre un penitente y su pastor/profeta. Los ministros de Dios hablan tanto ley como evangelio a grupos mayores en la predicación y enseñanza pública. Un pecador atormentado por su pecado puede escuchar esta maravillosa noticia de una manera más íntima a través de la confesión y absolución individual. A través de las edades la iglesia ha ejercido muchas veces el oficio de las llaves a través de la confesión y absolución individual, conocido también como la santa absolución. Sin embargo, como muchas responsabilidades eclesiásticas, este precioso acto muchas veces ha sido mal aplicado o descuidado. La Iglesia Católica Romana, por ejemplo, requiere confesión como una condición para ser admitido al sacramento del altar. Al proceder así, tomaron al rito del evangelio y lo convirtieron en ley. Peor aún, obligaron a los pobres pecadores a tratar de enumerar todos sus pecados, y luego agregaron justicia por obras propias a la absolución con actos específicos de penitencia. Muchos cristianos fueron conducidos al límite de la desesperación bajo este sistema, especialmente Martín Lutero.

Pero con su balance evangélico característico, Lutero retuvo la confesión y absolución en la Reforma, y simplemente la purificó de sus abusos. Por eso encontramos estas palabras en la Confesión de Augsburgo:

> La confesión no ha sido abolida por parte de los predicadores de nuestro lado. Se conserva entre nosotros la costumbre de no ofrecer el sacramento a quienes con antelación no hayan sido oídos y absueltos. A la vez se enseña diligentemente al pueblo que la palabra de la absolución es consoladora y que ha de tenerse en gran estima. No es la voz o la palabra del hombre que la pronuncia, sino la palabra de Dios, quien perdona el pecado, ya que la absolución se pronuncia en lugar de Dios y por mandato de él. Se instruye con mucha diligencia que este mandato y poder de las llaves es muy consolador y necesario para las conciencias aterrorizadas (CA XXV, 1-4).

En siglos posteriores, sin embargo, pastores pietistas buscaron eliminar la práctica individual de confesión y absolución entre el pastor y el penitente. Asociaban este rito con el entendimiento impropio y el uso que se hacía en la Iglesia Católica Romana en ese tiempo. Por ejemplo, actos de penitencia, incluyendo la compra de indulgencias y la realización de obras buenas, eran requeridas de los penitentes que hacían confesión para recibir perdón real por sus pecados. Por cuanto ganar el perdón por medio de actos de penitencia viola directamente la doctrina de la justificación por la gracia mediante la fe, los pietistas desecharon totalmente la práctica y buscaron de abolir su uso.

Hoy día muchas iglesias y pastores caen en esta misma manera de pensar. Razonan que por cuanto la Iglesia Católica Romana todavía usa una forma de confesión y absolución, tiene que estar en conflicto con las enseñanzas de la Escritura sobre justificación.

Sin embargo, Lutero habló fuertemente contra tal pensamiento, alabando los beneficios de la administración correcta de la confesión y absolución. De hecho, Lutero insistió que tal práctica es necesaria para una congregación cristiana para administrar el oficio de las llaves. Lutero advierte en el Catecismo Mayor que cualquier cristiano que es honesto acerca del pecado personal va a desear automáticamente participar en tal actividad en la que se encuentra la gracia de Dios:

> En consecuencia, al exhortar a confesarse, no hago otra cosa que exhortar a ser cristianos. Si lograre esto contigo, también te habré inducido a confesar. Los que anhelan gustosos ser cristianos piadosos, verse librados del pecado y tener una conciencia alegre, ya tienen el verdadero hambre y la verdadera sed. Arrebatan el pan como un como un siervo perseguido que sufre del calor y de la sed, como se dice en el Salmo 42: "Como el ciervo brama por las corrientes de las aguas, así clama por ti, oh Dios, el alma mía". Esto significa: como el ciervo que espera con ansias la primavera fresca, igualmente tengo yo un deseo angustioso y ansioso por la palabra de Dios o la absolución y el sacramento, etc. Mira, si se enseñase rectamente acerca de la confesión, se despertaría el deseo y el amor, de modo que la gente acudiría y correría detrás de nosotros más de lo que nos

gustara (CMa, 6ta parte, Exhortación a la Confesión, 32-34).

Por cuanto llegué a estar consciente de la sed de la gente por absolución cuando hablamos de conflictos, he sugerido a los auspiciadores de las conferencias que se ofrezcan confesión y absolución individual a los participantes. Generalmente recibo una respuesta tentativa: "Bueno, nosotros realmente no hacemos esto aquí." Pregunto si creen en el beneficio de la absolución. "Por supuesto que sí, pero no pienso que la gente va a venir. Simplemente no están acostumbrados a ello." Después de alguna insistencia acceden, presuponiendo que nadie va a participar.

Una y otra vez, los auspiciadores de las conferencias quedan sorprendidos cuando muchas personas acuden a confesión y absolución individual, especialmente cuando la audiencia está compuesta mayormente de trabajadores profesionales de la iglesia. En la primera conferencia en donde sugerí esto, los penitentes estuvieron parados en fila esperando ser atendidos por los tres confesores que fueron asignados. Muchos tuvieron que dejar su lugar en la fila porque no querían perderse el culto de clausura. En la segunda conferencia en donde animé a esto, la gente escribió en sus evaluaciones que faltó más oportunidad para la confesión y absolución privada.

No se guarda ningún registro sobre quién va a confesión o no. Sin embargo, algunos penitentes me buscan de por sí para comentarme lo que experimentaron, expresando gratitud y gozo por la oportunidad. Un pastor me buscó después de recibir absolución individual. Aún derramando lágrimas exclamó, "¡nunca supe que el perdón podía ser tan poderoso!" En otra conferencia, durante una sesión de preguntas y respuestas, un obrero profesional de la iglesia expresó su profunda apreciación por la oportunidad de recibir perdón de manera tan privada. "Me siento tan refrescado. Me había olvidado de cuán maravilloso es el perdón para mí. ¡Gracias por poner esto a disposición hoy!"

Es difícil de expresar en palabras el beneficio impresionante que recibimos al escuchar la preciosa noticia que nos es dada privadamente por medio de las palabras de nuestro propio pastor. Sin embargo, hoy día muchos cristianos dejan de lado lo que debiera ser una práctica regular.

Además de mi propia experiencia, muchos otros han compartido cómo la santa absolución ha dado forma a sus vidas. Un hombre de negocios retirado próximo a su muerte hizo preguntas inquietantes sobre gente mala cuando su pastor lo visitó a él y a su familia en el hospital. Recogiendo las señales, su pastor pidió a su familia si podría salir un momento, luego le preguntó al hombre si quisiera compartir algo en privado. Este hombre, un líder respetado de la iglesia, empezó a temblar mientras preguntaba si aquellos que engañaron a clientes y empleados podrían ir al cielo. La conversación llevó al hombre a confesar cierto tipo de pecados que atribulaban su consciencia por años. Después de ser absuelto, lágrimas le sobrevinieron a un hombre conocido por su valentía imperturbable. Murió unos pocos días después, confiado en su perdón en Cristo y su lugar en el cielo, aunque sabía que no lo merecía por sus propios méritos.

Un director de una escuela cristiana sufrió por años adicción a la pornografía por internet, y fue descubierto por la secretaria de la escuela. La cual encontró una extensa carpeta con imágenes guardadas en la computadora de la oficina de la escuela al buscar por unos archivos antiguos. Todo el personal, el consejo directivo y la esposa del director reaccionaron con gran sorpresa, disgusto y enojo. Fue despedido de su puesto y estaba considerando suicidarse, buscó consejo con un pastor vecino por cuanto su congregación estaba momentáneamente sin pastor. El pastor Roberts lo buscó de su casa rural y comenzó a manejar hacia la iglesia en las carreteras del condado. Cuando el director confesó su pecado durante el viaje, expresando su pesar y desesperación, el pastor Roberts bajó de la ruta y detuvo la marcha, puso la mano sobre la cabeza del director y absolvió sus pecados. El hombre contrito lloró durante 10 minutos sin parar. En los meses siguientes siguió los consejos de su pastor confesor, fue fortalecido en el perdón de sus pecados y fue reconciliado con su esposa. Eventualmente fue restaurado a su tarea docente en un ambiente supervisado.

La absolución consuela a todo pecador, no sólo a aquellos cuyo pecado hemos etiquetado como repugnante, odioso o criminal. Desde la perspectiva de Dios, todos nuestros pecados son repugnantes, odiosos y criminales en vista a su ley. De hecho, muchas veces he especulado acerca de cuántos de nosotros, siendo cristianos, hubiésemos podido evitar las consecuencias penosas de un patrón de conducta pecaminosa de larga data, si hubiésemos acudido a la absolución en los primeros pasos de nuestra progresión malvada.

En la intervención en conflictos de iglesia, el pastor de nuestro equipo de reconciliación a veces adquiere permiso para oír confesiones. Líderes eclesiásticos, incluidos pastores y docentes, llegan para confesar pecados de chisme, palabras amargas e hirientes, negación de pecado y conflicto, haber huido en vez de reconciliar, y muchos otros pecados que originan disputas congregacionales. Cabe agregar, sin embargo, la gente usa la oportunidad para ser absueltos de sus pecados contras su cónyuge, hijos, empleados, empleadores y en el área de la vida diaria. Por cuanto todos pecaron y fueron destituidos de la gloria de Dios, y siendo que en nuestra naturaleza pecadora continuamos pecando a diario, cada uno de nosotros se beneficia con la proclamación privada de nuestro pastor: "El Señor ha quitado tu pecado por causa de la sangre y de la justicia de Cristo. Ve en paz."

Por cuanto esta práctica ha caído en tal desuso en la iglesia hoy, he incluido una breve forma de confesión y absolución del Catecismo Menor de Lutero en el Apéndice D para un fácil acceso. Aunque la Escritura no manda que usemos tal rito, seguir un orden específico puede ser consolador para el que confiesa y para el que dice la absolución. La exposición de nuestro pecado ante otro, especialmente nuestro pastor, es penosa y humillante. Una forma breve, usando palabras de la Escritura, nos guía en un territorio no familiar y peligroso. También previene a un pastor de no errar el punto central: anunciar el perdón de Dios clara y sucintamente. Un confesor humano puede distraerse fácilmente, por la sorpresa de un pecado inesperado o por el deseo de proveer dirección y consejo, y y olvidar de absolver al pecador. Por eso, un orden preparado provee un salvoconducto tanto para el penitente como para el confesor, y permitiendo también dar flexibilidad para circunstancias específicas.

Confesión y Absolución familiar

Parejas casadas deberían confesar y absolverse los pecados el uno al otro. Padres deberían perdonar los pecados a sus hijos. Las familias pueden y deben servir como embajadoras de reconciliación el uno para con el otro.

Si bien conozco esto desde mi confirmación en mi adolescencia, no apliqué esta enseñanza en mi propia familia por muchos años. En vez de eso, frecuentemente recurrí a mi viejo Adán, respondiendo con ataque o huída.

Un día mi esposa, Sonia, y yo agarramos a nuestro hijo adolescente David en un pecado específico, que llevó a una confrontación familiar mayor. Mi orgullo, dañado por el aparente desprecio de mi hijo de su educación cristiana, inflamó rápidamente mi cólera, lo cual me llevó a estallar en desvaríos, gritos y algunas lágrimas. Sonia se agregó, animada por el pobre ejemplo de su esposo. Por supuesto, David intentó protegerse a sí mismo con negación, no respondiendo algunas preguntas, con réplicas fuertes y acusaciones injustas. Al final, demostramos ser un pobre ejemplo de familia cristiana que vive como hijos reconciliados de Dios.

Cuando paramos por un descanso de nuestra discusion ardiente, el siguiente pensamiento pasó por mi cabeza, 'como padre cristiano, ¿qué estoy haciendo?' En mi corazón, sabía que había cometido un gran error que el cual agravó la situación. Entonces recordé, 'Jesús murió por este mismo propósito. Aplica lo que crees absolviendo a tu hijo.'

Me quedé perplejo. *¿Cómo absuelvo a mi hijo? Después de todo lo que nos gritamos el uno al otro, ¿Cómo puedo moverme hacia una reacción más cristocéntrica?*

Fui en busca de un recurso que sabía que contenía una respuesta. Abrimos nuestros respectivos himnarios en el orden para la confesión y absolución privada. Sugerí a mi familia que esto podría servir como un sendero para responder al pecado como Dios ha mostrado a su pueblo. Cuando leímos nuestras varias partes en el rito, tuve que cambiar las palabras que referían al pastor llamado y ordenado como confesor de mi hijo, por cuanto yo era su padre y no su pastor. Nuestro hijo confesó su pecado, y yo le dirigí las palabras de perdón de Dios. Oramos juntos el Salmo 51 y agregamos otras peticiones al final. Con calma dialogamos acerca de las consecuencias que serían apropiadas para todos los involucrados, y terminamos con abrazos de amor. La reconciliación vino por medio de la absolución del pecado de mi hijo.

Dos años más tarde mi familia experimentó otro desafortunado evento cuando Sonia y yo descubrimos un error diferente en el que cayó nuestro hijo. Mi corazón se dolía cuando comencé a pronunciar mis primeras palabras con dureza, me detuve para recordar nuestra experiencia previa con absolución. Confronté con calma a mi hijo, permitiéndole que intente por un momento cavar su propia tumba de autojustificación. Pero me mantuve calmadamente firme, ya que las evidencias eran convincentes, y le dije que su madre y yo estaríamos esperando en la sala familiar por su respuesta. Después de varios minutos entró para admitir su culpa con calma y de manera específica. Le pregunté, "David, ¿cómo piensas que debiéramos responder como tus padres?" Su respuesta fue inmediata, "Papá, ¿qué te parece si nuevamente pasamos por ese orden de confesión y absolución?"

Lágrimas llenaron mis ojos inmediatamente. Mi hijo había entendido que su seguridad estaba basada en el perdón de sus pecados por medio de su Salvador Jesucristo. La confesión de fe de David nos inspiró a mí y a mi esposa, y juntos celebramos la vida como pecadores perdonados en palabras de confesión y absolución.

Unos pocos meses más tarde, Sonia me mostró una tarea que David había escrito para un proyecto escolar. La consigna era describir a alguien a quien admiraba. David escribió acerca de sus padres y lo que más apreciaba acerca de ellos. Uno de sus puntos principales se centraba en el hecho de que sus padres lo amaban y lo perdonaban, sin importar lo que él había hecho. Como un pastor una vez me compartió, yo también exclamé: "Nunca supe que el perdón podía ser tan poderoso."

El pastor David Poovery, uno de mis pastores actuales, investigó las aptitudes de sus estudiantes para confirmación. Los instruyó a priorizar las diez respuestas más elevadas de lo que significa ser padres perfectos. Las elecciones incluyeron: permitirme quedar levantado hasta tarde, dejarme mirar cualquier película o programa de televisión que me gusta, dejándome vestirme con lo que me gusta, dejarme manejar un auto, dejarme elegir mis amigos, y perdonarme cuando hago algo mal. Estos adolescentes identificaron al atributo número uno de padres perfectos como "perdonarme cuando hago algo malo." Nuestros hijos aprecian el perdón.

El pastor Poovery comienza las ceremonias de casamiento con una confesión general y absolución para todos los reunidos (una copia de los que él usa puede ser encontrada en el Apéndice E). Aquí la pareja, sus familias y los invitados escuchan la buena noticia del perdón de Dios al celebrar juntos la santa unión de un nuevo esposo y esposa. Luego explica que confesión y absolución, delante de Dios y el uno hacia el otro, va a ayudar a esta pareja en su relación como matrimonio y como hijos de Dios. ¡Qué manera grandiosa de comenzar los primeros momentos de la vida matrimonial!

Imagine cómo las familias cristianas podrían ayudar a transformar al mundo si sus estilos de vida reflejaran su fe a través de la confesión y perdón regular. Por cuanto algunos pueden encontrar dificultoso adaptar el orden para la confesión y absolución individual para uso en la familia, he proveído un orden en el Apéndice F. Animo a su familia a revisarlo juntos y adaptarlo para el uso de ustedes. Oro para que esto sea útil para ustedes al considerar cómo confesar pecados y absolver el uno al otro como embajadores de Cristo viviendo juntos en familia.

Requisitos para los oidores de confesión

Los cristianos, y especialmente los pastores, que escuchan la confesión de otra persona tienen que mantener cierta disciplina.

La confidencialidad es esencial. La confesión específica de un pecador hecha en privado tiene que morir con el confesor. Los pastores prometen en su ordenación mantener la confidencialidad de su oficio. Los cristianos a los que sus hermanos les confían sus pecados secretos también tienen que honrar esta confianza. En el caso en que la seguridad de otros podría estar en cuestión (como la confesión de abusadores sexuales que continúa trabajando con niños), la ley civil requiere que se debe reportar a las autoridades civiles correspondientes. Sin embargo, la mejor manera de hacer esta notificación debe evitar violar la confidencialidad. Si un pecador está arrepentido y ha sido perdonado, y si la condición de esta persona pone en peligro a otros, entonces el fruto del arrepentimiento de esta persona va a incluir tomar los pasos para proteger a la gente afectada. El confesor debiera ofrecerse a compartir la carga de esta persona acompañándolo a las autoridades correspondientes.

Alguien que escucha las confesiones de otros también tiene que ser un penitente que va a confesión. Si alguien, un pastor u otro creyente, escucha la confesión de otro sin experimentar personalmente la humillación y el gozo de la confesión privada, esta persona podría ser fácilmente tentada de muchas maneras. Primero, el confesor puede ser alguien que se justifica a sí mismo en comparación con el pecado horrible que otros confiesan. Esto lleva a un juicio pecaminoso y a una actitud condescendiente. Un segundo peligro es que el confesor podría intentar inmiscuirse en los detalles jugosos del pecado, alimentado la lujuria natural que brota en él al escuchar la historia. En tercer lugar, el confesor podría tentarse de tratar fríamente al pecador como otro caso clínico, olvidando la vergüenza y profundo remordimiento que los pecadores a veces experimentan sobre sus pecados y el gozo inexpresable que el perdón puede dar en alivio. Esta actitud condescendiente podría llevar al confesor a despreciar la pobre y lastimosa criatura que confesó. Podría inflarse de orgullo de ser el que hace entrega de la paz.

Bonhoeffer cualifica a los oyentes de confesión:

> Cualquiera que alguna vez ha sido horrorizado por el espanto de sus propio pecado que clavó a Cristo en la

> cruz ya no será horrorizado ni aun por el pecado más rancio de un hermano.... Solamente el hermano bajo la cruz puede oír una confesión. No es experiencia de vida, sino experiencia de la cruz lo que le hace a uno digno para ser un oidor de confesiones (118).

Cuando somos empleados como instrumentos de Dios para su paz, a veces somos testigos de los milagros que resultan de la gracia y del poder de Dios. Una gran tentación para cualquier líder cristiano es adjudicarse el crédito que la acción que Dios hace a través de él. Escuchar la confesión de otros y absolver pecados en el nombre de Cristo es una tarea poderosa y potencialmente peligrosa.

Por eso, San Pablo instruye a los embajadores del ministerio de la reconciliación: “Os rogamos en el nombre de Cristo: Reconciliaos con Dios” (2 Cor 5:20).

13: Profesando fe en la confesión y absolución pública

Además de las formas de confesión privada, hay momentos en que la confesión pública es beneficiosa. Cuando confesamos nuestros pecados juntos en el servicio divino, damos testimonio de nuestra fe en Cristo y glorificamos a Dios. Cuando un grupo peca contra otro, la confesión y perdón corporativo obra reconciliación como ocurre también entre dos individuos. Cuando un miembro peca contra la comunidad, el ofensor se dirige al ofendido con confesión pública y le da la oportunidad al cuerpo de restaurarlo a través del perdón.

Confesión y perdón corporativo

Bajo este título quiero enfatizar dos tipos diferentes de confesión corporativa. La primera, que es muy familiar para los cristianos, es la confesión general de pecados durante el servicio divino regular. La segunda es la confesión de un grupo hacia el otro.

Según la Escritura, la confesión de pecados y la confesión de fe son actos de alabanza. Al reconocer al salterio como un recurso de alabanza, observamos que muchos salmos incluyen frases de confesión, reconociendo nuestros pecados delante de Dios y dando alabanza por sus actos maravillosos. El Salmo 51 enseña que expresar nuestra contrición es agradable a Dios: "Los sacrificios que tú quieres son el espíritu quebrantado; tú, Dios mío, no desprecias al corazón contrito y humilde" (v. 17 RVC). Los israelitas confesaban sus pecados corporativos, a veces como una asamblea y a veces a través de sus líderes (Vea 1 Samuel 7; Esdras 10; Nehemías 1 y 9; Daniel 9). Cuando las multitudes del Nuevo Testamento fueron bautizadas y confesaban su fe en Cristo, también adoraban a Dios al confesar sus pecados. "Muchos de los que habían creído venían y confesaban sus malas prácticas" (Hechos 19:18 RVC).

La confesión general de pecados con el anuncio de la absolución durante el servicio divino puede ser una práctica muy saludable, pero también puede servir como un substituto conveniente y débil para la confesión y absolución individual. La confesión y absolución siempre valen la pena porque aplican la promesa de Dios: 'tus pecados son perdonados'. La práctica de la confesión general durante un servicio divino sirve para proclamar el evangelio según el mandato de Cristo de ir y hacer discípulos. Sin embargo, la confesión general no fue implementada para reemplazar la práctica de la confesión y absolución individual. Los individuos que sufren de pecados secretos pasan por alto la oportunidad de nombrar sus pecados en voz alta y recibir el perdón de Dios para seguridad y consuelo personal. Desafortunadamente, hoy día muchas iglesias han descuidado totalmente el maravilloso don de la confesión y absolución individual, creyendo que la confesión general durante el culto es todo lo que se necesita. Tanto la confesión y absolución individual como la corporativa son partes del ministerio regular de la iglesia.

Además de la confesión corporativa del grupo de creyentes confesando sus pecados delante de Dios, otra forma de confesión puede ocurrir cuando un grupo de creyentes confiesa sus pecados a otro grupo.

En la Primera Escuela Cristiana Media, los alumnos de octavo grado de la Señorita Johnson estaban estudiando la expedición de Lewis y Clark. En pequeños grupos, los alumnos preparaban presentaciones delante toda la escuela como proyecto final para las series. Ideas creativas fluían mientras los alumnos para generar apoyo en los pasillos para su drama, pero sus voces excitadas y sus actitudes ruidosas molestaban a otras clases por toda la escuela. Una tras otra las puertas de los salones de clases fueron cerradas, demostrando irritación contra la clase de la Señorita Johnson.

Aunque la Señorita Johnson podría haber justificado el comportamiento de su clase por la buena intensión y el entusiasmo desenfrenado, reconoció que ella y sus alumnos habían causado ofensa. Juntó a sus estudiantes, y examinaron sus acciones utilizando la Escritura. Condujo a sus alumnos a bosquejar una confesión de la clase. Con el permiso de cada maestro individual, los alumnos de octavo entraron en fila en cada salón y leyeron su confesión escrita. La Señorita Johnson también confesó por faltar en dirigir a sus alumnos de manera más cuidadosa. Cada maestro y clase respondió otorgándoles el perdón.

El cuerpo docente y los estudiantes todos fueron bendecidos por la confesión de la clase de la Señorita Johnson y por el perdón compartido. Estudiantes y maestros glorificaron a Dios, se sirvieron el uno al otro, y crecieron más en la semejanza de Cristo por esta oportunidad. Estos embajadores vivieron su fe por medio de la reconciliación.

En otro caso en el que nuestro equipo de reconciliación asistió a una congregación en conflicto, desafiamos al concejo de ancianos por su actitud defensiva contra muchos en la congregación. Ellos habían tomado decisiones específicas como consejo que condujeron a la revocación del llamado del pastor de su iglesia, y por ello recibieron críticas de parte de muchos miembros de la congregación. En una asamblea especialmente convocada de la congregación, miembros enojados resolvieron remover de sus cargos electivos a todos los ancianos. Después de un debate extendido, los ancianos fueron exonerados cuando la moción de removerlos fue vencida por 56 contra 54 votos.

Cuando nuestro equipo ser reunió con los ancianos, examinamos sus actitudes y acciones contra pasajes bíblicos específicos. Afirmamos algunas acciones que fueron honorables, pero también les mostramos sus culpas. Inicialmente los ancianos eran remisos de admitir sus errores, habiendo escapado escasamente de la remoción de sus cargos de manera hostil. Pero después de un tiempo, llegaron a entender su pecado, y sus actitudes de justicia propia disminuyeron. Durante una reunión con todo el liderazgo de la iglesia, los integrantes del consejo se pararon al frente de sus pares y leyeron una confesión bien preparada. A diferencia de los discursos anteriores, estas frases identificaron específicas acciones y actitudes, como pecaminosas y ofensivas. Esta vez, ellos ofrecieron poner sus cargos a disposición como consecuencia por haber fallado en su acción como líderes espirituales.En sus declaraciones no hubo intento de justificarse o de culpar a otros.

Los líderes restantes se mantuvieron en profundo silencio, sin saber cómo responder. Con un poco de estímulo, los oyentes leyeron las palabras de absolución en sus himnarios con sólida convicción. Después de esto, individuos que antes habían lanzado ataques verbales contra el consejo expresaron su perdón personal también. Más tarde en la noche el liderazgo sugirió que los ancianos compartan su experiencia de reconciliación con toda la congregación, confesando sus pecados durante el servicio divino de la mañana siguiente. Tras su confesión, el resto del liderazgo se levantó de sus respectivos asientos y recitaron juntos la absolución. El pastor entonces invitó al resto de la congregación a unirse en la absolución de sus hermanos. En la siguiente asamblea congregacional, un voto de confianza hacia el consejo de ancianos fue aprobado por la gran mayoría. Confesión y absolución grupal es una gran manera de celebrar el ministerio de la reconciliación.

Confesión y absolución pública individual

Ocasionalmente un miembro del cuerpo de Cristo comete un pecado que ofende a toda la iglesia. Esto puede incluir un pecado contra la iglesia misma, o puede incluir un pecado público que trae vergüenza sobre toda la comunidad. En tales casos, el pecador y la iglesia pueden ser beneficiados con una confesión pública individual de ese pecado delante de todo el grupo.

Esteban había servicio en varios puestos de liderazgo en su iglesia y comunidad. Era bien respetado y había recibido honores por su servicio público a la comunidad. Pero un día la gente quedó horrorizada al saber que Esteban había abusado de niños.

Esteban primero admitió su pecado delante de su pastor en confesión individual. Al ser confrontado y animado con el evangelio, demostró frutos de arrepentimiento con confesiones a los que había herido en mayor escala. Con el pastor Morris a su lado, se reunió por separado con las dos familias cuyos niños él había tocado, y luego se reunió con su esposa, para confesar su horrible pecado. Después, el pastor Morris acompañó a Esteban cuando informó a las autoridades civiles sobre el asunto.

Rápidamente sucedieron varios eventos. Esteban perdió su trabajo y fue sacado de su puesto de liderazgo en la iglesia. Los Servicios Familiares le requirieron que deje su casa hasta que la investigación de ellos haya sido completada. Las autoridades civiles presentaron cargos penales contra él.

El pastor Morris se hizo cargo de la pesada tarea de dar ministerio a todas las familias heridas, incluida la del propio Esteban. Se tomaron precauciones para proteger la identidad de las familias afectadas por causa de los niños. Entre tanto, Esteban luchaba con depresión mientras esperaba las consecuencias inevitables que seguirían. Las noticias de los medios dieron cuenta de la tragedia increíble y el tratamiento judicial que seguiría.

Con el consejo de su pastor, Esteban decidió buscar también el perdón de sus hermanos miembros de la iglesia mediante una confesión pública. El domingo a la mañana el pastor Morris anunció que un servicio especial de confesión y absolución para un miembro se haría después del servicio divino regular. Sólo los miembros de la congregación fueron invitados a asistir.

El himno "Jesús recibirá a los pecadores" abrió el servicio. El pastor Morris leyó pasajes de las Escrituras que recordaba, a la asamblea confudida, del propósito de nuestro Salvador. Todas las personas son pecadoras. Ninguno de nosotros se puede redimir a sí mismo, pero Dios a través de Cristo nos perdona nuestros pecados de modo que todos los que creen en Jesús serán bienvenidos en el cielo. Cristo vino a salvar a los pecadores, tales como San Pablo, quien sostenía ser el peor de todos. Todos escucharon en silencio el mensaje, asimilando cuidadosamente cómo estas palabras se aplicaban a Esteban y a ellos. Cuando presentó a Esteban, el pastor Morris afirmó que uno de sus propios miembros había pecado contra toda la iglesia, y que deseaba confesar sus pecados delante de sus hermanos y hermanas. Esteban temblaba cuando las palabras se precipitaban de sus labios. No detalló sus actos específicos de pedofilia, pero identificó sus pecados de romper la confianza con la congregación y traer vergüenza pública sobre el nombre de Cristo y su iglesia. Se quebró emocionalmente cuando reconoció que no merecía nada, sino la ira y el juicio de Dios, y pidió perdón por causa de Cristo, en quien confesó su fe. El pastor Morris pronunció el perdón de Dios sobre él. Luego siguió una oración y otro himno sobre la gracia de Dios.

El pastor anunció entonces que Esteban estaría sentado en una sala privada, dispuesto a hablar con cualquiera que tuviese algo para decirle. Instruyó a la congregación que esta podría ser la última oportunidad de hablar directamente con Esteban, ya que se estaba dirigiendo a la prisión. Exhortó estrictamente a los miembros a no chismear respecto a este evento. Si alguien tenía alguna preocupación específica acerca de lo que ocurrió, el pastor Morris los instó a hablar directamente con Esteban o con él.

Prácticamente todos los presentes se enfilaron para hablar privadamente con Esteban. Muchos lloraron con él y compartían su perdón personal con él, aunque aclaraban que no justificaban estas acciones. Esteban se sorprendió cuando varios miembros le confesaron algunos de sus pecados privados, diciéndole que ellos también eran pecadores que tenían necesidad del perdón de Cristo.

Varios años más tarde un anciano visitó a un miembro de vieja data de la iglesia, quien afirmó, "¡No puedo creer que el liderazgo de la iglesia hizo que Esteban se pare delante de toda la congregación para confesar su pecado!" El anciano entonces respondió, "No fueron los líderes los que forzaron a Esteban a confesar. Él quiso hacerlo. Buscó el consuelo y la fortaleza que sólo el evangelio puede dar." El miembro que presentó esta crítica pensó en lo que el anciano le dijo, y conversaron sobre el gran don del perdón para atender todas las cuestiones pecaminosas de nuestra vida. La confesión pública de pecado de Esteban siguió impactando a los miembros de su iglesia por muchos años.

Cuando la confesión pública individual es apropiada

La confesión pública de un individuo puede proveer

salud para muchos, incluyendo al pecador y al grupo que ha ofendido. El perdón tiene que seguir a la confesión, como hemos discutido antes en este libro. Sin embargo, tenemos que usar discreción para determinar si un evento público es apropiado.

Algunos individuos sufren por su fe débil, y no pueden enfrentarse a grupos de personas en confesión. Nadie debe ser torturado a confesar públicamente cuando esa persona no está lista. Forzar una confesión en cualquier situación excede nuestra responsabilidad como embajadores.

No todo pecado debe ser confesado públicamente, incluyendo aquellos de los líderes. No es sólo impracticable e innecesario, sino que también es imposible. Como fue escrito anteriormente, no podemos confesar todo pecado por cuanto no podemos conocer todo pecado.

Un líder de iglesia es un pecador entre muchos y por lo tanto se beneficia con la absolución privada. Al igual que los miembros, el pastor y los líderes requieren confidencialidad de parte de su confesor. El confesar regularmente los pecados en público ante un grupo elimina esencialmente la protección de la privacidad.

Además, si un líder usa a toda la iglesia como su confesor regular, esa persona va a disminuir su credibilidad personal con aquellos cuya fe es inmadura y con los no creyentes. Por el otro lado, los líderes de la iglesia tienen que ser cuidadosos de evitar acciones o hablar como fariseos que se justifican a sí mismos. Los hipócritas son prontamente reconocidos y también pierden su credibilidad ante otros. Por lo tanto, es apropiado ser vulnerable y abierto acerca de las debilidades de uno, sin confesar los detalles de los pecados. Además, es beneficioso para un líder de la iglesia admitir inmediatamente su falta después de haber ofendido públicamente a un grupo y pedir su perdón.

La confesión pública de pecado es mejor empleada cuando uno ha pecado de manera obvia y pública contra la comunidad. Esto provee una manera abierta para que el pecado sea perdonado, y esto desanima el chismerío pecaminoso y la calumnia. Además, demuestra un testimonio público para los no creyentes que juzgan a la iglesia por los líderes que caen en pecado.

Una persona que considera la confesión pública se beneficiará en confesarlo primeramente de manera privada y recibir absolución. Tal persona generalmente aprecia la asistencia de un amigo cristiano en la preparación de sus pensamientos para su confesión. Sugiero que el pecador se tome tiempo para preparar, escribir su confesión. (Revise las "Los siete elementos de la confesión" como fue resumido en el capítulo 11 y es explicado de manera más completa en el libro de Sande). Confesar pecados en público es estresante. Una declaración escrita, guía al ofensor a decir de manera precisa lo que se pretende y evitar desvíos no intencionales.

Cuando un individuo planea confesar públicamente, un líder de la iglesia debe ser notificado para que esté preparado a liderar al grupo en la proclamación del perdón de Dios. Aunque Cristo dirige a sus discípulos a perdonar a los que se arrepienten, estamos tan desacostumbrados a absolver a pecadores de modo que en nuestra sorpresa nos olvidamos cómo responder a una confesión. Himnos, lecturas bíblicas y oraciones ayudan a sentar las bases para que un grupo escuche la confesión de un individuo y los prepara para perdonarlo.

¿Qué pasa con las consecuencias?

Aunque el perdón remueve las consecuencias de la condenación eterna y restaura relaciones, las consecuencias terrenales pueden seguir. Por ejemplo, las Escrituras indican que Moisés desobedeció a Dios y fue perdonado, pero le fue prohibido entrar en la tierra prometida. En otro caso, el rey David confesó y fue restaurado a Dios, pero sufrió consecuencias de su pecado, incluyendo la muerte de su hijo, fruto de su adulterio, y otros conflictos adicionales en el seno de su familia.

Cuando un líder rompe la confianza con la iglesia, puede perder el privilegio de servir en ese puesto, aun cuando el perdón es otorgado. Las Escrituras proveen requerimientos estrictos para los pastores, ancianos y maestros de la iglesia (p ej. Ezequiel 34:1-16; 1 Timoteo 3:1-13; Santiago 3:1). Aquellos que violan severamente la autoridad que les fue confiada pueden perder este privilegio incluso cuando son perdonados. Un líder penitente que acepta las consecuencias personales impuestas por su supervisor o por su congregación demuestra el fruto de arrepentimiento. Por el otro lado, la persona o grupo que determina las consecuencias apropiadas para un líder caído deben ser cuidadosos que las consecuencias sean apropiadas para la ofensa, con consideración tanto de la misericordia como de la justicia, y proveer ejemplo y protección para el ofensor y para otros que pueden estar afectados por las acciones del líder.

En todos los casos, los cristianos viviendo juntos bajo al cruz recuerdan que todos pecaron, pero que todos son perdonados por la sangre del cordero.

14: Reconciliación: No sólo un evento

Mientras estuve describiendo la necesidad de reconciliación frente al liderazgo una denominación, uno de los supervisores de distrito preguntó, "¿Cómo hacemos un evento de reconciliación?"

La reconciliación no es un programa planificado sino un estilo de vida. La reconciliación a través de la confesión y el perdón pueden ser experimentados en eventos específicos, pero nuestro Señor nunca tuvo la intensión que su ministerio sea reservado únicamente para ocasiones especiales.

Podemos demostrar cómo nuestra fe cristiana nos separa del mundo por la manera en que nosotros respondemos al pecado. Nuestra naturaleza pecadora nos tienta a adoptar la manera del mundo de tratar con el pecado y pasar por alto la oportunidad de compartir la gracia de Dios el uno con el otro.

El pastor Williams sacudió los cimientos de su congregación un domingo con una demostración vívida de cuán antibíblico ha llegado a ser nuestro estilo de vida. Acto seguido a la confesión general de pecados de la congregación, declaró, "Como siervo de la Palabra, llamado y ordenado, les anuncio lo que Dios dice, 'Está bien. No hay problema. Olvídenlo. Ustedes deben lamentarlo. Nunca más lo vuelvan a hacer. Yo les perdono, pero no quiero saber más nada con ustedes. Vayan en paz, ¡pero no vuelvan!'"

Se calleron las mandíbulas de las personas y quedaron helados, no lo podían creer.

"¿Qué pasa? ¿No es esa la manera en que ustedes responden a alguien que les pide disculpas? ¿Pero ustedes no quieren que el Dios de ustedes los perdone de esta manera?"

Esto introdujo el sermón sobre el perdón del pastor Williams. Después del mensaje, absolvió correctamente a los miembros, quienes apreciaron más que nunca el precioso tesoro del amor de Dios.

Varias semanas más tarde una pareja joven se acercó al pastor Williams, para agradecerle de nuevo por su mansaje inusual sobre reconciliación.

"Pastor, usted está ayudando a cambiar la cultura de nuestro hogar."

"¿Qué quieres decir, Andrés?"

"La semana pasada Janet y yo tuvimos una de nuestras desacuerdos típicos en la cocina. Pero en la medida que bajamos de revoluciones y recuperamos nuestro sentido, usamos una manera diferente de hablar. Usamos palabras tales cómo 'yo confieso' y 'yo te perdono'. Usted nos recordó que como cristianos, tenemos un nuevo lenguaje para tratar nuestros errores. Es la manera que Dios nos trata a nosotros para compartir la buena nueva el uno con el otro."

El pecado nunca *está bien*. El pecado nunca es *no hay problema*. Hay sólo una curación para el pecado: perdón por medio de nuestro Señor Jesucristo. ¡Qué privilegio tenemos de servir como agentes de Dios en compartir esta buena noticia!

El mensaje viviente de salvación nunca estuvo destinado a ser empleado sólo en los servicios divinos o en situaciones de crisis. Para los embajadores de Cristo, expresar palabras de reconciliación es una manera en que declaramos las obras maravillosas que nuestro Dios ha hecho para nosotros. En confesión y perdón, profesamos nuestra fe y nuestra necesidad por un Salvador, y compartimos el evangelio el uno con el otro en las experiencias prácticas de cada día. Celebramos la muerte del viejo Adán y nuestra nueva vida en Cristo. Recordamos nuestro bautismo y nuestra adopción como hijos de Dios. Glorificamos a Dios cuando decimos las palabras que nos enseñó: 'Yo confieso. Yo perdono.'

Sea un fiel embajador de reconciliación. Viva el mensaje que usted cree y profesa.

Entonces, con Isaías, vamos a agradecer a Dios por sus agentes especiales:

"¡Cuán hermosos son, sobre los montes, los pies del que trae buenas nuevas! Los pies del que anuncia la paz, del que trae buenas noticias, del que anuncia salvación, del que le dice a Sión: '¡Tu Dios reina!'" (Isaías 52:7 RVC).

APÉNDICE A

El Compromiso del Pacificador

Un compromiso con la resolución bíblica de conflictos

Como personas reconciliadas con Dios por la muerte y resurrección de Jesucristo, creemos que estamos llamados a responder al conflicto de una forma que sea marcadamente distinta de la forma en que el mundo encara el conflicto (Mateo 5:9; Lucas 6:27–36; Gálatas 5:19–26). También creemos que el conflicto brinda oportunidades para glorificar a Dios, servir a otras personas y crecer según la imagen de Cristo (Romanos 8:28-29; 1 Corintios 10:31–11:1; Santiago 1:2–4). Por lo tanto, en respuesta al amor de Dios y confiando en su gracia, nos comprometemos a responder al conflicto según los siguientes principios.

Glorificar a Dios – En vez de centrarnos en nuestros propios deseos o detenernos en lo que otros pueden hacer, nos regocijaremos en el Señor y lo alabaremos, dependiendo de su perdón, sabiduría, poder y amor, mientras buscamos obedecer fielmente sus mandamientos y mantener una actitud amorosa, misericordiosa y perdonadora (Salmos 37:1–6; Marcos 11:25; Juan 14:15; Romanos 12:17–21; 1 Corintios 10:31; Filipenses 4:2–9; Colosenses 3:1–4; Santiago 3:17-18; 4:1–3; 1 Pedro 2:12).

Sacar la viga de nuestro propio ojo – En vez de culpar a otros por un conflicto o resistirnos a la corrección, confiaremos en la misericordia de Dios y asumiremos la responsabilidad por nuestra propia contribución al conflicto, confesando nuestros pecados a quienes hemos agraviado, pidiendo a Dios que nos ayude a cambiar toda actitud y hábito que lleve al conflicto, y buscando reparar todo daño que hayamos causado (Proverbios 28:13; Mateo 7:3–5; Lucas 19:8; Colosenses 3:5–14; 1 Juan 1:8-9).

Exhortación al prójimo en su ofensa – En vez de hacer de cuenta que el conflicto no existe o hablar de otros a sus espaldas, pasaremos por alto ofensas menores o hablaremos amablemente y en persona, con aquellos cuyas ofensas parecen demasiado serias como para pasar por alto, buscando restaurarlas en vez de condenarlas. Cuando un conflicto con una persona cristiana no pueda ser resuelto en privado, pediremos a otras personas del cuerpo de Cristo que nos ayuden a solucionar dicho tema de una forma bíblica (Proverbios 19:11; Mateo 18:15–20; 1 Corintios 6:1–8; Gálatas 6:1-2; Efesios 4:29; 2 Timoteo 2:24–26; Santiago 5:9).

Ir y reconciliarnos – En vez de aceptar un arreglo prematuro o permitir que relaciones se marchiten, buscaremos activamente la paz y la reconciliación genuina, perdonando a otros como Dios, por Cristo, nos perdonó a nosotros; y buscando soluciones justas a nuestras diferencias que sean mutuamente beneficiosas (Mateo 5:23-24; 6:12; 7:12; Efesios 4:1–3,32; Filipenses 2:3-4).

Por la gracia de Dios, aplicaremos estos principios como una cuestión de mayordomía, conscientes de que el conflicto es una oportunidad y no un accidente. Recordaremos que el éxito a los ojos de Dios no es una cuestión de resultados específicos, sino de obediencia fiel y dependiente. Y oraremos pidiendo que nuestro servicio como pacificadores traiga alabanza a nuestro Señor y lleve a otros a conocer su amor infinito (Mateo 25:14–21; Juan 13:34,35; Romanos 12:18; 1 Pedro 2:19; 4:19).

APÉNDICE B

Preguntas para examinarse

Estas preguntas basadas en los diez mandamientos nos ayudan a examinarnos a nosotros mismos antes de la confesión o cuando estamos en conflicto con otros. Aunque esta lista no es exhaustiva, provee algunas reflexiones personales sobre cómo una persona ha pecado contra Dios y otros.

La confesión debe ser precedida por un examen franco de nosotros mismos, nuestras acciones, motivos y naturaleza (1 Corintios 11:28). Este examen lo llevará a hablar la verdad acerca de usted mismo delante del Señor. Como un espejo, estas preguntas están diseñadas para reflejar la verdad acerca de usted a la luz de la ley (Santiago 1:22-25). Ellas exponen no solamente sus pecados, sino también el hecho de que usted "por naturaleza no puede tener verdadero temor de Dios ni verdadera fe en él" (CA II 1-2). De esta manera, animan un auto examen serio, reflexivo y verdadero de modo que usted pueda confesar sinceramente de corazón, "Señor, ten misericordia de mí, soy pecador" (Lucas 18:13).

Primer mandamiento: No tendrás otros dioses.

¿Qué o quién temo más? (Si mi respuesta es algo diferente que Dios, ¿ha llegado esta cosa o persona a ser un dios para mí?)

Cuando un cierto deseo o esperanza no es alcanzado, ¿me siento frustrado, resentido, amargado o enojado? (¿Anhelo algo o a alguien más que a Dios? En tal caso quizá estoy adorando lo creado más que al Creador.)

¿Soy muy crítico de otros? (¿Estoy simplemente discerniendo y amando a otros, tratando de ayudarlos para que crezcan, o me he hecho a mí mismo dios y juez de otros?)

¿He amenazado a otros de alguna manera? (Si es así, quizá me he hecho dios a mí mismo.)

¿Tengo al Señor Dios-Padre, Hijo y Espíritu Santo-como mi único Dios verdadero?

Segundo mandamiento: No tomarás el nombre de tu Dios en vano.

¿Maldigo, juro, uso arte satánico, miento o engaño en su nombre?

¿Lo invoco en medio de toda aflicción, oro, alabo y le doy gracias?

¿Uso el nombre de Dios de manera descuidada o irreflexiva?

Tercer mandamiento: Santifica el día de reposo.

¿Desprecio la predicación y la Palabra de Dios al evitar el servicio divino y el estudio bíblico?

¿Soy indiferente hacia el evangelio y los sacramentos o los aprovecho cuando son dados?

¿Oro por mi pastor y apoyo su esfuerzo de guardar al rebabo de Dios de todo error?

Cuarto mandamiento: Honra a tu padre y a tu madre.

¿Honro a mi padre y a mi madre, y otras autoridades (pastores, maestros, empleadores, supervisores, líderes gubernamentales, etc.)?

¿Los desprecio o actúo irrespetuosamente hacia alguien en autoridad?

¿Los sirvo y obedezco, los amo y los aprecio?

¿Obedezco todas las leyes de la ciudad, provincia, país y pago de manera correcta mis impuestos?

¿Amenazo, abuso, sobrecargo a aquellos que están bajo mi cuidado?

Quinto mandamiento: No matarás.

¿He herido o dañado a mi prójimo en su cuerpo?

¿He quitado injustamente la vida a alguien, nacido o no nacido?

¿Odio a alguien, o estoy enojado con alguien (Vea Mateo 5:21-22; 1 Juan 3:15)?

¿He perdido mi temperamento o he dañado a mi prójimo con pensamientos, palabras u obras?

¿Soy abusivo en palabras u obras hacia mi cónyuge, hijos, u otra persona?

¿He dejado de ayudar y apoyar a mi prójimo en cualquier necesidad física?

Sexto mandamiento: No cometerás adulterio.

¿Llevo una vida sexualmente pura y decente en todo lo que hago y digo?

¿He reservado la relación sexual para el placer y consolación de mi cónyuge y, cuando Dios quiere, para la procreación de hijos?

¿He tenido en alta estima el don de Dios de la sexualidad, o la he envilecido de cualquier manera por mis pensamientos, palabras y conducta?

¿Huyo de la inmoralidad sexual (lujuria, adulterio, deseos homosexuales, auto gratificación, pornografía, etc.)?

Séptimo mandamiento: No hurtarás.

¿He tomado el dinero o posesiones de mi prójimo, o lo he adquirido de alguna manera deshonesta?

¿Ayudo a mi prójimo a incrementar y proteger sus posesiones e ingresos?

¿Engaño o busco adquirir lo que no he merecido?

¿Cuido lo que tengo, pago mis obligaciones, regreso lo que he tomado prestado, y respeto la propiedad de otros?

¿Doy generosamente, o soy egoísta, tacaño y codicioso con

mi tiempo y dinero, buscando servir solamente a mis propios intereses?

¿Soy negligente o soy infiel hacia las responsabilidades de mi vocación y trabajo?

¿Retengo mis ofrendas a Dios como manera de forzar a otros en mi iglesia a cambiar?

Octavo mandamiento: No hablarás falso testimonio contra tu prójimo.

¿Cuento alguna falsedad (mentira, exageración, media verdad, etc.) acerca de mi prójimo, lo traiciono, lo calumnio o hiero su reputación?

¿Lo defiendo, hablo bien de él, e interpreto todo en el mejor sentido?

¿Transmito chismes, escucho rumores, o tomo placer al hablar de las faltas o errores de alguien?

¿Defiendo a otros contra falsas acusaciones?

¿Juzgo a otros sin ser debidamente autorizado?

¿Hablo la verdad en amor de modo que cubro multitud de pecados?

¿Uso palabras imprudentes y vanas cuando hablo acerca de otros?

¿Uso el correo electrónico y otras comunicaciones por internet como forma de pecar contra este mandamiento?

Noveno mandamiento: No codiciarás la casa de tu prójimo

¿Codicio algo que mi prójimo posee y disfruta?

¿Conspiro para obtener lo que pertenece a mi prójimo o de adquirirlo con apariencia de de derecho?

¿Ayudo y sirvo a mi prójimo para conservar y proteger lo que le pertenece?

¿Estoy disconforme con lo que me pertenece?

¿Anhelo algo mejor, diferente o más de lo que Dios me ha dado?

¿Busco satisfacer los deseos y apetitos de mi carne? ¿Soy codicioso? ¿Soy una persona que practica la lujuria? ¿Soy un glotón? ¿Soy un alcohólico?

¿He presentado una demanda o he usado otros medios para adquirir algo que no me corresponde?

El décimo mandamiento: No codiciarás la mujer de tu prójimo, ni su siervo, criada o ganado, ni nada de lo que tenga.

¿Codicio al cónyuge, empleado o animales de mi prójimo?

¿Trato de tentarlos o forzarlos para que se alejen de mi prójimo o trato de ponerlos en contra de él?

¿Los insto a que se queden y que cumplan con sus deberes?

¿Estoy disconforme con mi cónyuge, familia, vocación, trabajo o empleador que el Señor me dio?

¿He hecho algo para romper una amistad o un matrimonio?

¿He animado a alguien a divorciarse?

¿Me he metido entre la relación de un hijo con sus padres?

¿Soy contencioso, o he incitado la desarmonía en mi congregación, familia o lugar de trabajo?

¿Soy manipulador o controlador?

¿He hecho todo lo que estaba a mi alcance para sanar o fortalecer relaciones rotas?

Muchas de estas preguntas son adaptadas o tomadas del trabajo preparado por la Comisión de culto de la Iglesia Luterana Sínodo de Missouri (2001 y 2002) en preparación para un nuevo himnario, o del libro de Sande, Pacificadores: Guía bíblica para la resolución de conflictos personales.

APÉNDICE C

Palabras de absolución de la Escritura

Cuando perdonas a alguien que lo ha ofendido, recuérdate a ti mismo y a la otra persona que la verdadera fuente del perdón se encuentra en Jesucristo. "Te perdono, _______, porque Dios por medio de Jesús me ha perdonado a mí y a ti."

La Palabra de Dios es un medio de gracia que contiene su autoridad. Fortalece a aquellos a quienes perdones usando citas directas de las Escrituras, tales como las que aparecen abajo. Personaliza la absolución insertando el nombre de la persona en el versículo. Por ejemplo: "Jorge, Cristo mismo llevó en su cuerpo nuestros pecados al madero, para que nosotros, muertos ya al pecado, vivamos para la justicia. Por sus heridas fueron ustedes sanados (1 Pedro 2:24 RVC).

"Dichoso aquél cuyo pecado es perdonado, y cuya maldad queda absuelta. Dichoso aquél a quien el Señor ya no acusa de impiedad, y en el que no hay engaño" (Salmo 32:1-2 RVC).

"[El Señor declara] 'perdonaré la maldad de ellos, y no me acordaré más de sus pecados'" (Jeremías 31:34).

"[Jesús] fue entregado por nuestros pecados, y resucitó para nuestra justificación. Así, pues, justificados por la fe tenemos paz con Dios por medio de nuestro Señor Jesucristo, por quien tenemos también, por la fe, acceso a esta gracia en la cual estamos firmes" (Romanos 4:25-5:2 RVC).

"Al que no cometió ningún pecado, por nosotros Dios lo hizo pecado, para que en él nosotros fuéramos hechos justicia de Dios" (2 Corintios 5:21 RVC).

"Pero Dios, cuya misericordia es abundante, por el gran amor con que nos amó, nos dio vida junto con Cristo a, aun cuando estábamos muertos en nuestros pecados (la gracia de Dios los ha salvado), 6 y también junto con él nos resucitó, y asimismo nos sentó al lado de Cristo Jesús en los lugares celestiales, para mostrar en los tiempos venideros las abundantes riquezas de su gracia y su bondad para con nosotros en Cristo Jesús. Ciertamente la gracia de Dios los ha salvado por medio de la fe. Ésta no nació de ustedes, sino que es un don de Dios; 9 ni es resultado de las obras, para que nadie se vanaglorie" (Efesios 2:4-9 RVC).

"Y también a ustedes, que en otro tiempo eran extranjeros y enemigos, tanto en sus pensamientos como en sus acciones, ahora los ha reconciliado completamente en su cuerpo físico, por medio de la muerte, para presentárselos a sí mismo santos, sin mancha e irreprensibles, siempre y cuando en verdad permanezcan cimentados y firmes en la fe, inamovibles en la esperanza del evangelio que han recibido" (Colosenses 1:21-23 RVC).

"Cristo mismo llevó en su cuerpo nuestros pecados al madero, para que nosotros, muertos ya al pecado, vivamos para la justicia. Por sus heridas fueron ustedes sanados (1 Pedro 2:24 RVC).

"Si decimos que no tenemos pecado, nos engañamos a nosotros mismos, y la verdad no está en nosotros. Si confesamos nuestros pecados, él es fiel y justo para perdonar nuestros pecados y limpiarnos de toda maldad" (1 Juan 1:8-9 RVC).

"El Señor ha quitado tu pecado" (2 Samuel 12:13).

APÉNDICE D

Santa Absolución (con su pastor)

Basado en el Catecismo menor de Lutero

"En consecuencia, al exhortar a confesarse, no hago otra cosa que exhortar a ser cristianos" (Catecismo mayor, Breve exhortación a la confesión, 32).

Se puede preparar a si mismo meditando en los diez mandamientos y orando los Salmos 6, 7, 13, 15, 51, 121 o 130. Si no se encuentra angustiado por algún pecado en particular, no se preocupe tratando de buscar o inventar pecados, tornando de esta forma a la confesión en una tortura. En su lugar, mencione uno o dos pecados que conoce y que esto sea suficiente.

Cuando esté listo, arrodíllese delante del altar y diga:

Pastor, por favor escuche mi confesión y declare el perdón de mis pecados para cumplir la voluntad de Dios.

Proceda.

Yo, pobre pecador, confieso ante Dios que soy culpable de todos los pecados; especialmente me confieso ante usted que he vivido como si Dios no importara y como si yo fuera los más importante.

No he honrado el nombre de mi Señor como debía; mi adoración y oración ha flaqueado.

No dejé que su amor tome su curso en mí, y así mi amor por otros ha fallado.

Hay personas a las que he herido y aquellas a las que he fallado en ayudar.

Mis pensamientos y deseos han sido manchados por el pecado.

Si hay pecados en particular que lo angustian, puede confesar pecados específicos diciendo:

Lo que me preocupa especialmente es que...

Confiese todo lo que ha hecho contra los mandamientos de Dios y lo que corresponde según su estado en la vida.

Luego concluya diciendo:

Estoy arrepentido de todo esto y pido por gracia. Quiero ser mejor.

Dios es misericordioso con usted y lo fortalezca en la fe.

Amén.

¿Crees que mi perdón es el perdón de Dios?

Sí, pastor.

Que se haga con usted como ha creído. Y yo por mandato de nuestro Señor Jesucristo le perdono sus pecados en el nombre del Padre y del ✠ Hijo y del Espíritu Santo, Amén. Ve en paz.

El pastor sabrá pasajes bíblicos adicionales con los cuales consolará y fortalecerá en la fe a aquellos que tienen grandes cargas de consciencia o están angustiados y afligidos.

Entonces el pastor concluye:

Ve en paz.

Amén.

El penitente puede permanecer para decir una oración de gratitud. Salmos 30, 31, 32, 34, 103, o 118 también son adecuados.

APÉNDICE E

Una oración de confesión y absolución para un casamiento

Pastor: En el nombre del Padre, del Hijo y del Espíritu Santo.

Congregación: Amén.

Pastor: Por causa del pecado, muchas cruces han venido sobre el estado matrimonial. Sin embargo, nuestro bondadoso Padre Celestial no abandona a sus hijos en un estado que es tan santo y aceptable a él, sino que está siempre presente con sus muchas bendiciones. Al venir a la presencia de nuestro Dios todopoderoso pedimos su bendición sobre este hombre y esta mujer y su matrimonio, y siendo que sólo podemos venir a nuestro Señor con corazones arrepentidos, ahora pedimos a nuestro Señor que nos bendiga y a [nombres] con el perdón de cualquier pecado al decir:

Congregación: Misericordiosísimo Padre Celestial, que has dado a tu único Hijo para morir por nosotros, ten misericordia de nosotros, y por causa de Jesús otórganos remisión de todos nuestros pecados; y por tu Espíritu Santo aumenta en nosotros el verdadero conocimiento de ti y de tu voluntad y la verdadera obediencia a tu Palabra, a fin de que por tu gracia lleguemos a la vida eterna; por Jesucristo, nuestro Señor. Amén.

Pastor: El Todopoderoso Dios, nuestro Padre Celestial, ha tenido misericordia de nosotros y ha dado a su único Hijo para morir por nosotros y por causa de él nos perdona todos nuestros pecados. A los que creen en él les hace Hijos de Dios y les concede su Espíritu Santo. El que creyere y fuere bautizado será salvo. Concédenos esto, oh Señor, a todos nosotros.

Congregación: Amén.

APÉNDICE F

Confesión y absolución familiar

La confesión de pecados es un asunto privado y debe ser guardado confidencialmente por la persona que escucha la confesión y anuncia el perdón de Dios. Los cristianos están obligados a respetar la naturaleza confidencial de la confesión.*

El penitente puede prepararse meditando en los diez mandamientos y orando los Salmos 6, 7, 13, 15, 51, 121, o 130. Si no está angustiado con pecados específicos, no debe preocuparse en buscar o inventar otros pecados, tornando de este modo a la confesión una tortura. En su lugar, debe mencionar uno o dos pecados particulares que le preocupan y que eso sea suficiente.

Cuando está listo, el penitente dice:

________________ (padre, madre, marido, esposa, hermano, hermana, hijo, o hija), por favor escucha mi confesión y pronuncia el perdón de Dios para cumplir la voluntad de Dios.

Por favor continúa.

Yo, pobre pecador, confieso ante Dios que soy culpable de todos los pecados; especialmente me confieso ante ti que he vivido como si Dios no importara y como si yo fuera los más importante.

No he honrado el nombre de mi Señor como debo; mi adoración y oración ha flaqueado.

No dejé que su amor tome su curso en mí, y así mi amor por otros ha fallado.

Hay personas a las que he herido y aquellas a las que he

fallado en ayudar.

Mis pensamientos y deseos han sido manchados por el pecado.

Si hay pecados en particular que te angustian, puedes confesar pecados específicos diciendo:

Lo que me preocupa especialmente es que...

Confiesa todo lo que has hecho contra los mandamientos de Dios y lo que corresponde según tu estado en la vida

Si has pecado contra la persona que está escuchando tu confesión, también puedes decir:

No sólo he pecado contra Dios, sino que también he pecado contra ti y busco tu perdón personal.

Luego concluye diciendo:

Estoy arrepentido de todo esto y pido por gracia. Quiero ser mejor.

Dios es misericordioso contigo y te fortalezca en la fe.

Amén.

¿Crees que las promesas de perdón de Dios dadas en las Sagradas Escrituras están escritas para todos los hijos de Dios, incluyéndote a ti?

Así es.

Entonces escucha la Palabra de Dios y que se haga contigo como creíste.

En 1 Juan 1:9 Dios promete: "Si confesamos nuestros pecados, él [Dios] es fiel y justo para perdonar nuestros pecados y limpiarnos de toda maldad"

En Jeremías 31:34 el Señor declara: "Perdonaré la maldad de ellos, y no me acordaré más de sus pecado"

En Romanos 5:25-5:2 Dios escribió por medio de San Pablo: "[Jesús] fue entregado por nuestros pecados, y resucitó para nuestra justificación. Así, pues, justificados por la fe tenemos paz con Dios por medio de nuestro Señor Jesucristo, por quien tenemos también, por la fe, acceso a esta gracia en la cual estamos firmes."

Por lo tanto, ___________ (hijo, hija, esposa, esposo, hermana, hermano, padre o madre), cree esta buena noticia, en el nombre del Padre, del Hijo y del Espíritu Santo.

Amén.

Si el penitente también ha pedido perdón de la persona que escucha la confesión, estas palabras también deben decirse:

Como Dios, por medio de Cristo, nos ha perdonado a ti y a mí, yo también te perdono tus pecados contra mí.

Amén.

Una oración de gratitud puede seguir. Los Salmos 30, 31, 32, 34, 103, o 118 también son adecuados.

El que escucha la confesión puede conocer textos bíblicos adicionales con los cuáles consolar y fortalecer la fe de aquellos que tienen grandes cargos de conciencia o están angustiados y afligidos.

**Excepciones pueden ser requeridas por las Escrituras (por manifiesta impenitencia) o por autoridades civiles (tales como crímenes sexuales contra niños).*

Bibliografía

Barry, A. L. Unchanging Truth in Changing Times: The Complete Collection of the What About Pamphlets. St. Louis: The Lutheran Church-Missouri Synod, 2001.

Bonhoeffer, Dietrich. Vida en Comunidad. Salamanca: Ediciones Sígueme, 2009.

Korby, Kenneth. "Confession and Absolution." Audio de un taller llevado a cabo en Concordia Catechetical Academy de Peace Lutheran Church, Sussex, Wis.

Lutheran Worship. St. Louis: Concordia Publishing House, 1982.

Catecismo Menor de Lutero con explicaciones. Buenos Aires: Iglesia Evangélica Luterana Argentina, 1995.

Matzat, Don. Christ Esteem: Where the Search For Self-Esteem Ends. Eugene, Oregon: Harvest House, 1990.

Sande, Ken. Pacificadores: Guía Bíblica para la resolución de conflictos personales. 3ra edición. Puebla, México: Ediciones Las Américas, 2008.

Sande, Ken y Ted Kober. Guiding People through Conflict. Billings, Montana: Peacemaker Ministries, 1998.

Senkbeil, Harold L. Dying to Live: The Power of Forgiveness. St Louis: Concordia Publishing House, 1994.

Walther, C.F.W. Ley y Evangelio. Buenos Aries: Iglesia Evangélica Luterana Argentina, 1972.

Welch, Edward T. Addictions: A Banquet in the Grave. Phillipsburg, New Jersey: P & R Publishing, 2001.

Other Resources

Ambassadors of Reconciliation™

P.O. Box 81662
Billings, MT 59108-1662 USA
(406) 698-6107

www.HisAoR.org